本书是辽宁省教育厅 2021 年度科学研究经费重点项目（项目编号：LJKR0403）的研究成果，受到 2023 年度大连外国语大学出版基金资助。

汉语截省句的句法研究

王成东◎著

中国戏剧出版社
CHINA THEATRE PRESS

图书在版编目（CIP）数据

汉语截省句的句法研究 / 王成东著. -- 北京：中国戏剧出版社，2024.10
ISBN 978-7-104-05491-7

Ⅰ．①汉… Ⅱ．①王… Ⅲ．①汉语—语法—研究 Ⅳ．①H14

中国国家版本馆CIP数据核字（2024）第089420号

汉语截省句的句法研究

责任编辑：邢俊华
责任印制：冯志强

出版发行：中国戏剧出版社
出 版 人：樊国宾
社　　址：北京市西城区天宁寺前街2号国家音乐产业基地L座
邮　　编：100055
网　　址：www.theatrebook.cn
电　　话：010-63385980（总编室）　　010-63381560（发行部）
传　　真：010-63381560

读者服务：010-63381560
邮购地址：北京市西城区天宁寺前街2号国家音乐产业基地L座

印　　刷：天津和萱印刷有限公司
开　　本：787mm×1092mm　1/16
印　　张：10.75
字　　数：182千字
版　　次：2024年10月　北京第1版第1次印刷
书　　号：ISBN 978-7-104-05491-7
定　　价：68.00元

版权专有，违者必究；如有质量问题，请与出版社联系调换。

内 容 简 介

本书对汉语截省句进行了系统分析。截省句的概念最早由 Ross（1969）提出，随后 Merchant（1998, 1999, 2001, 2002, 2004, 2006, 2008, 2010, 2013, 2015, 2016）及 van Craenenbroeck（2010）等学者对该现象进行了拓展和深入研究。截省句可以出现在主句及嵌套分句中，该结构中所涉及的疑问词短语在线性序列上似乎不包含任何后续成分。相关研究对英语截省句的分析主要采取语音式删略法和逻辑式复制法。前者认为疑问词短语在表面上似乎是一个孤立的成分，但它实际上是一个完整屈折词短语的一部分，经历了显性移位，来到 [Spec, CP]，随后在 PF 层面，疑问词短语之后的所有成分被语音删略，从而生成合格的截省句；后者认为疑问词短语是一个独立成分，原位生成于 [Spec, CP]，其后不包含任何显性成分，通过 IP 循环、合并及萌生等操作在逻辑式层面获得语义解读。

汉语属于非疑问词短语移位语言。换句话说，疑问词短语在显性句法层面不发生移位。因此，学者们倾向采用疑问词短语不移位的思路来分析汉语截省句。Wei（2004, 2009, 2011, 2017）提出用"假截省句分析"来处理汉语截省句，该分析方法认为汉语不存在类似英语的典型截省句，其结构不涉及疑问词短语移位，因此截省句是一个简单的结构，包括空代词主语、系动词以及疑问词短语。

然而，本书采用移位法来分析汉语截省句。首先，通过探讨截省句中的谓词特征，笔者认为截省句中的谓词句类选择标句词短语而且语义选择特殊疑问句，因此截省句的外部句法结构是一个完整的 CP。此外，我们按照疑问词短语的句法功能和内部结构对其进行了重新分类，并对"是"和"有"的句法属性进行了分析，在此基础上，提出汉语中假截省句与典型截省句并存。简单型论元疑问词短语，即"谁"和"什么"，以及与关联语特性密切关联的简单型附加语疑问词短语出现在假截省句中。"是"在简单型论元疑问词短语前强制出现，目的是帮助疑问词短语实现谓语化。由于简单型附加语能够单独充当谓语成分，"有"在其前可以选择性出现，其功能与英语中的虚助词 do 类似。此外，复杂型论元疑问词短语及其他附加语疑问词短语出现在典型截省句中。"是"位于焦点短语投射的中心语位置，能够吸引论元疑问词短语移位至焦点短语的标志语位置，即 [Spec, FocP]，从而核查其携带的强 [+Focus] 特征，而附加语疑问词短语则原位生成于 [Spec, FocP]，并在该句法位置实现特征核查。本研究提出截省焦点假设（Sluicing Foc Assumption），认为 FocP 的中心语不允许出现与疑问词短语无关的成分。因此，如果"是"从 Foc 移位至 Force，遵守截省焦点假设的同时，在线性序列上居前于疑问词短语；如果"是"不发生显性移位，则会违反本研究提出的假设。至于删略成分，额外删略（An, 2016）认为相关成分在语音式层面被删略的同时，额外成分也能够一起被删略。因此，按照截省焦点假设和额外删略，Foc 及其补足语 IP 在语音式层面被语音删略，从而生成合格的典型截省句。此外，本研究对典型截省句所涉及的句法岛效应进行了分析，我们观察到典型截省句不受主语从句岛、同位语岛及并列结构岛的影响，但受到关系从句岛的一定限制。笔者认为，当关系从句岛中不包含疑问词短语的显性关联语时，典型截省句受到该岛效应的影响，而当关联语显性出现时，岛效应则被消除。

最后，笔者还将本书对截省句的分析应用到对多重截省句的分析中，将其分为假多重截省句和典型多重截省句，前者的句法结构由包含各自疑问词短语的简单结构构成，两个结构由隐性的连接词进行关联；后者结构中复杂型论元疑问词短语发生显性移位至 [Spec, FocP]，而附加语疑问词短语则原位生成在 [Spec, FocP]，在 PF 层面，Foc 及其补足语 IP 被删略，从而生成合格的多重截省句。通过论证，笔者的分析能够为涉及单个疑问词短语的截省句和涉及多个疑问词短语的多重截省句提供一个统一的解释。

王成东
2024 年 4 月

目录
contents

- 内容简介 ... 1
- 1 导论 ... 1
  - 1.1 截省句的概念 ... 1
  - 1.2 英汉截省句的特征 ... 4
    - 1.2.1 共性 ... 4
    - 1.2.2 差异 ... 8
    - 1.2.3 小结 ... 10
  - 1.3 研究问题 ... 11
  - 1.4 本书框架 ... 13
- 2 文献综述 ... 17
  - 2.1 英语截省句的非结构法 ... 17
  - 2.2 英语截省句的结构分析法 ... 25
    - 2.2.1 语音式删略法 ... 26
    - 2.2.2 假截省句法 ... 40
    - 2.2.3 逻辑式复制法 ... 48
  - 2.3 汉语截省句的解释方法 ... 50
    - 2.3.1 移位法 ... 51
    - 2.3.2 分裂法和准分裂法 ... 54
    - 2.3.3 假截省句法 ... 57
    - 2.3.4 逻辑式复制法 ... 59
  - 2.4 总结 ... 60

3 分析背景和理论框架 ·········· 62
3.1 省略的概念 ·········· 62
3.1.1 省略的理论基础 ·········· 64
3.1.2 省略的限制条件 ·········· 67
3.1.3 省略的主要分析 ·········· 73
3.2 IP-省略的焦点条件 ·········· 75
3.3 话题与焦点的分析 ·········· 81
3.3.1 话题的信息价值与句法 ·········· 81
3.3.2 焦点的相关问题 ·········· 84
3.4 截省—焦点假设 ·········· 90
3.5 总　结 ·········· 92

4 汉语截省句的句法分析 ·········· 94
4.1 谓语动词的句法限制及汉语截省句的功能 ·········· 94
4.1.1 句法限制 ·········· 94
4.1.2 句法功能 ·········· 98
4.2 汉语截省句的句法推导及相关问题 ·········· 100
4.2.1 汉语截省句中特殊疑问词短语的重新分类 ·········· 100
4.2.2 "是"和"有"的句法表现 ·········· 104
4.2.3 典型截省句及假截省句的推导 ·········· 111
4.2.4 小结 ·········· 120
4.3 句法岛效应 ·········· 120
4.3.1 理论基础 ·········· 120
4.3.2 句法岛效应及汉语典型截省句的分析 ·········· 123
4.3.3 小结 ·········· 127
4.4 汉语截省句中特殊疑问词前置的特征 ·········· 128
4.5 总　结 ·········· 138

5 分析拓展：汉语多重截省句 ·········· 139
5.1 理论背景 ·········· 139
5.2 汉语多重截省句的句法推导 ·········· 141

5.2.1　多重截省句中特殊疑问词短语的分类 ………… 141
　　5.2.2　典型多重截省句与假多重截省句 ……………… 145
　5.3　总　结 …………………………………………………… 149

6　结　论 ……………………………………………………… 150
　6.1　研究的主要发现 …………………………………………… 150
　6.2　研究的价值 ………………………………………………… 152
　6.3　局限及今后的研究问题 …………………………………… 152

参 考 文 献 …………………………………………………… 154

1 导 论

本章节将介绍截省句的概念，分析其句法分布及表征，探索英汉截省句的共性和差异，提出研究问题并呈现本研究的框架。

1.1 截省句的概念

截省句的概念最早由 Ross（1969）提出，随后其他语言学家（Culicover and Jackendoff 2005; Chung, Ladusaw and McCloskey 1995; Merchant 1998, 1999, 2001, 2002, 2004, 2006, 2008, 2010, 2013, 2015, 2016; van Craenenbroeck and Lipták 2006; van Craenenbroeck 2010, 2012, etc.）在此基础上进行了完善和更加深入的研究。截省句指的是一种句法结构，在该结构中，特殊疑问词短语在线性序列上位于谓语动词之后，其后不再有任何语音形式，如例（1）所示。

（1）a. John bought something, but I don't know *what*.（Merchant 2001:3）

b. Somebody just left—guess *who*.（Ross 1969:252）

c. Mary left with someone, but we don't know *with whom*.（Lobeck 1995:60）

d. Jack called, but I don't know *why*.（Merchant 2004:664）

e. A car is parked on the lawn—find out *whose*.（Merchant 2006:1）

f. If Sam was going, Sally would know *where*.（Chung, Ladusaw and McCloskey 1995:241）

g. She is reading something. I can't imagine *what*.（Chung et al. 1995:241）

h. He fixed the car, but I don't know *how*.（van Craenenbroeck 2010: 2）

然而，特殊疑问词短语后可以根据前句将相关信息补充完整，如例（2）所示。

（2）a. John bought something, but I don't know *what he bought*.
　　 b. Somebody just left—guess *who just left*.
　　 c. Mary left with someone, but we don't know with whom *she left*.
　　 d. Jack called, but I don't know *why he called*.
　　 e. A car is parked on the lawn—find out *whose car is parked on the lawn*.
　　 f. If Sam was going, Sally would know *where he was going*.
　　 g. She is reading something. I can't imagine *what she is reading*.
　　 h. He fixed the car, but I don't know *how he fixed the car*.

通过对比例（1）和例（2），我们发现两者语义一致，但在前者中，特殊疑问词短语后不存在任何成分，而在后者中，特殊疑问词短语之后则还有显性成分。Ross（1969）和 Merchant（2001）认为，例（1）是由例（2）经过句法转换而生成的，具体生成过程为：在句法等同或者语义等同的前提下，特殊疑问词短语发生显性移位。随后，其线性序列后的显性成分被语音删略，从而生成特殊疑问词短语之后不存在任何显性成分的句法结构。因此，例（3a）的生成过程可以表述为例（3b）。

（3）a. John bought something, but I don't know [*what*].（Merchant 2001:1）
　　 b. John bought something, but I don't know [*what*$_i$ [~~he bought t$_i$~~]].

具体来说，在例（3b）中，特殊疑问词短语"what"从谓语动词"buy"的补足语位置移位至其所在从句之前，在线性序列上居于主句谓语动词"know"之后。在语音式层面，特殊疑问词短语"what"之后的所有成分"John bought something"在满足一致性条件的前提下被语音删略，从而生成表面上只有特殊疑问词短语"what"的句法结构。

截省句不仅是英语的一种独有句法现象，在其他很多语言中也普遍存在。例如，保加利亚语（Richards 2001）、汉语（Adams 2004; Adams and Satoshi 2012; Wang 2002; Wang and Wu 2006; Wei 2004）、捷克语（van Craenenbroeck and Lipták 2013）、波斯语（Toosarvandani 2008）、芬兰语（Hartman 2005）、

德语（Merchant 2001）、印度尼西亚语（Fortin 2007）、日语（Kizu 1997; Shimoyama 1995; Takahashi 1994）、马来西亚语（Paul and Potsdam 2012; Potsdam 2007）、波兰语（Nykiel 2013; Szczgielniak 2008）、罗马尼亚语（Hoyt 2012）、俄语（Grebenyova 2009）、塞尔维亚-克罗地亚语（Stjepanović 2008, 2012）、西班牙语（Vicente 2008）、土耳其语（Ince 2012）、乌兹别克语（Gribanova 2013）等。

尽管截省句的句法推导和句法表征在不同语言中存在差异，但自从 Ross（1969）提出截省句以来，众多语言学家，尤其是句法学家都对截省句研究产生了浓厚的研究兴趣。

为了便于表述，我们首先要弄清楚截省句分析中所涉及的术语表达，以（4）为例。

(4) John bought something, but I don't know [$what_i$ [~~he bought t_i~~]]. (Merchant 2001:1)

例（4）是一个典型的截省句，在该句中，特殊疑问词短语及其后的成分出现在嵌入分句的谓语动词之后。具体而言，特殊疑问词短语"what"之后的成分"he bought"在语音式层面被语音删略，该部分被称为"截省成分（sluiced constituent）"；在嵌入分句中，谓语动词"know"之后包含特殊疑问词短语"what"及被删略的成分，该部分被称为"截省结构（sluiced construction）"，其中特殊疑问词短语"what"被称为残余特殊疑问词（wh-remnant）。此外，在例（4）的前部，句法结构"John bought something"充当被语音删略成分"he bought t_i"的先行语小句，名词性成分"something"充当特殊疑问词短语"what"的关联语。因此，本书将使用术语"截省句（sluicing）"来指代嵌入分句的谓语动词之后只有特殊疑问词短语的句法结构，用"截省结构"指代包含特殊疑问词短语及被删略成分的句法结构。

尽管不同语言之间存在语言差异，但语法也具有普遍性（Chomsky 1986），即不同语言之间也存在共性，因此截省句不仅仅存在于英语中，同时也存在于其他语言中，如汉语，如例（5）所示。

(5) a. 张三看到某人，但是我不知道 *（是）谁。[1]
　　　Zhangsan saw someone, but I don't know who. (Wei 2004:165)

---

[1] "*"表明该句不合语法或不合格。

b. 张三买了一些东西，但是我不知道*（是）什么。

Zhangsan bought something, but I don't know what.（Wei 2004:165）

c. 张三买了一本书，但是我不知道（是）哪一本。

Zhangsan bought a book, but I don't know which one.（Chao 1987:188）

d. 李四决定要辞职，可是我不知道（是）为什么。

Lisi decided to resign, but I don't understand why.（Wang and Wu 2006:376）

e. 李四出去约会，他妈妈想知道（是）跟谁。

Lisi went out for a date and his mother wondered with whom.（Adams 2012:2）

f. 李四去美国了，可是我不知道（是）什么时候。

Lisi went to the U.S., but I don't know when.（Wang and Wu 2006:376）

g. 张三出事了，但是我不知道（是）在哪里。

Zhangsan had an accident, but I don't know where.（Wei 2004:165）

通过对比例（2）和例（5），我们可能会认为英汉截省句具有相同的句法结构，实际上二者结构并不相同。具体而言，在汉语截省句中特殊疑问词短语之前还存在"是"，而且"是"具有显性或隐性的特征，即在有的情况下"是"必须出现，而在其他情况下"是"的出现则可有可无。因此，在下一小节，我们将分析英汉截省句的共性和差异。

1.2 英汉截省句的特征

在本小节，我们将描述英汉截省句具有的主要特征，从而更好地呈现截省句的句法分布和句法表征，并为截省句的进一步研究做好前期铺垫。

1.2.1 共性

英汉截省句具有一些共有特征。

第一，截省句要求句子中存在显性的先行语小句。换言之，如果截省句在句子中找不到先行语小句，那么就会生成不合格（ill-formed）的截省句。

（6）a. Somebody borrowed this book, but I don't know *who*.
　　b. 某人借走了这本书，但是我不知道是谁。
　　　Somebody borrowed this book, but I don't know who.（Adams 2004:2）

（7）（I was looking for a book in the study and, all of a sudden, I said the following sentence）
　　a. ? But I don't know *who*.[①]
　　b. ? 但是我不知道是谁
　　　But I don't know who.（Adams 2004:2）

在例（6a）和例（6b）中，当先行语小句 "Somebody borrowed this book" 和 "某人借走了这本书" 显性出现时，所生成的英汉截省句均合格。通过对比，我们发现，当先行语小句缺失时，所生成的截省句尽管句法合格但在某种程度上不可接受。

第二，我们总能在截省句的先行语小句中找到残余特殊疑问词的关联语（correlate）。此外，关联语必须是无定名词，否则所生成的截省句也不合格。

（8）a. *John loves everyone, but we have no idea *who*.
　　b. *李四看到每个学生，但是大吴不知道是谁。
　　　Lisi saw every student, but Dawu doesn't know who.（Adams 2012:4）

（9）a. *John has been to London, but I don't know *where*.
　　b. *李四去过伦敦，但是大吴不知道是哪里。
　　　Lisi has been to London, but Dawu doesn't know where.（Adams 2012:4）

---

① 句子前的 "?" 表明该句尽管从句法角度看是合格的，但在某种程度上来说确实不合格的。

例（8a）和例（8b）中的关联语都是全称量化词（universal quantifier），表达有定意义，因此无法作为残余特殊疑问词"who"和"谁"的关联语。特殊疑问词短语通常询问未知或新信息，无法对已知或给定的信息进行提问，否则会生成语义冲突的不合格句子。同样地，在例（9）中，专有名词"London"和"伦敦"都无法作为特殊疑问词短语"where"和"哪里"的关联语，导致生成的截省句均不合格。

第三，在英汉截省句中，充当附加语的残余特殊疑问词的关联语既可以显性出现，也可以隐性存在。

（10）a. Anna has already gone (to some place), but no one knows where. (Adams 2012:6)

b. 李四（在某地）碰见他的老师，但是我不知道在哪里。
Lisi ran across his teacher, but I don't know where. (Adams 2012:7)

在例（10a）和例（10b）中，附加语关联语"to some place"和"在某地"可以在句中自由出现。换言之，先行语小句中的附加语关联语不用显性出现，原因在于谓语动词"go"和"碰见"的主目结构（argument structure）分别隐含了对应的附加语关联语。

第四，英汉截省句既可以出现在主句中，也可以出现在嵌入分句中。具体来说，截省句可以出现在嵌入分句中，该截省句的生成只涉及一个说话人，如例（11a）和例（11b）所示。此外，截省句还可以出现在主句中，该截省句的生成涉及两个说话人，如例（12a）和例（12b）所示。

（11）a. John bought something, but I don't know *what*. (Merchant 2001:1)

b. 张三看到某人，但是我不知道（是）什么人。
Zhangsan saw someone, but I don't know what person. (Wei 2004:166)

（12）a. Harriet is drinking scotch again.

b. *Why*? (Culicover and Jackendoff 2005:267)

（13）a. 小明离开了广州。
Xiaoming has left Guangzhou.

b. 为什么？

Why?

例（11a）和例（11b）都是并列句，其后部都包含一个嵌入分句。这两个句子都只涉及一个说话人，所生成的截省句是合格的。此外，例（12）和例（13）都只有主句，分别涉及两个说话人，所生成的截省句也是可以接受的。

第五，先行语小句谓语动词的语态（voice）必须与后部的语态保持一致。换言之，如果前部是主动语态，后部也必须是主动语态；如果前部是被动语态，后部也同样必须是被动语态。如果前部与后部语态不一致，就会导致生成不合格的截省句。

（14）a. *Someone murdered Joe, but we don't know *who by*. (Merchant 2013:87)

b. * 某人打哭了李四，但是我不知道被谁。

Someone hit Lisi and made him cry, but I don't know by whom.

（Adams 2012:4）

（15）a. Someone broke the window.

b. *By whom?

（16）a. 某人打碎了杯子。

Someone broke the cup.

b. * 被谁？

By whom?

在例（14a）和例（14b）中，截省句出现在嵌入分句内，两句的前部都是主动语态，后部却是被动语态，语态的不一致导致了两句均不合格。如果我们将两句的后部都转化为主动语态，那么句子就变得合格了。同理，在例（15）和例（16）中，两句的后部都是被动语态，而前部都是主动语态，所生成的截省句也都不合格。因此，只有将两句的后部都转化为主动语态才能使生成的句子合格。

目前，我们总结了英汉截省句的五点共性。尽管我们并没有穷尽二者之间的共性，但在某种程度上呈现了英汉截省句的主要特征。接下来，我们将探讨英汉截省句的差异特征。

1.2.2 差异

尽管英汉截省句在很多方面存在共性，但二者仍存在一些差异。正是因为英汉截省句存在差异，所以二者在句法结构和句法表征方面具有不同的体现。

第一，系动词"是"的出现。在汉语截省句中，系动词"是"在充当主目语的特殊疑问词短语前，如"什么"和"谁"，必须出现，如例（17）所示。

（17）a. 李四买了一件礼物，但是他不告诉我*（是）什么。
Lisi bought a present, but he didn't tell me what.（Adams 2012:5）
b. 李四打电话给某人，但是我不知道*（是）谁。
Lisi called someone, but I don't know who.（Adams 2012:5）

然而，在充当主目语的复杂特殊疑问词短语前，如"哪个人""哪本书""哪个朋友""谁的书"，充当附加语的简单特殊疑问词前，如"什么时候""什么地方"，以及充当附加语的复杂特殊疑问词短语前，如"在哪里""跟谁""为了什么"，系动词"是"可以自由出现的，不会影响截省句的合法性，如例（18）所示。

（18）a. 张三买了一本书，但是我不知道（是）哪本书。
Zhangsan bought a book, but I don't know which book.（Wei 2004:167）
b. 张三刚离开，但是我不知道（是）什么时候。
Zhangsan just left, but I don't know when.（Wei 2004:167）
c. 李四买了一套房子，但是我们不知道（是）什么地方。
Lisi bought an apartment, but we don't know where.（Wang and Wu 2006:376）
d. 张三决定辞职，没有人知道（是）为了什么。
Zhangsan decided to resign, but no one knows why.（Liu 2015:2）

e. 李四跟某人出去玩，但是我不知道（是）跟谁。
Lisi went out with someone, but I don't know with whom.
（Wang and Wu 2006:379）

从上面的例子可以看出，系动词"是"在汉语截省句中具有重要的作用。因此，为了能够更好地理解和分析汉语截省句的句法功能和句法表征，我们必须对系动词"是"的隐现规律提供合理的解释。

第二，先行语小句中是否有关联语。在截省句中，残余特殊疑问词通常能够在先行语小句中找到合适的关联语，但在某些情况下，关联语可以不用显性表达出来。此外，在英语截省句中，无论是充当主目语还是充当附加语的残余特殊疑问词，其在先行语小句中的关联语都可以自由出现，如例（19）所示。然而，在汉语截省句中，充当主目语的残余特殊疑问词的关联语必须在先行语小句中出现，而充当附加语的残余特殊疑问词的关联语则可以在先行语小句中自由出现，如例（20）所示。

（19）a. She is writing (something). I can't imagine what.
b. If Sam was going (somewhere), Sally would know where.
（Chung et al. 1995:242）
（20）a. 李四想招待客人 *（某道菜），但是我们不知道 *（是）什么。
Lisi wants to serve the guests (a certain dish), but we don't know what.
（Adams 2012:7）
b. 李四（在某个地方）买了一套房子，但是我们不知道在哪里。
Lisi bought an apartment (t a certain place), but we don't know where. (Adams 2012:7)

此外，英汉截省句最主要的区别在于表达方式或方法意义的特殊疑问词在句中所体现的句法差异。具体地说，在英语中，特殊疑问词短语"how"可以出现在截省句中，而在汉语中，无论特殊疑问词短语"怎么样"表达方式或方法意义，其出现会导致所生成的截省句不合格，如例（21）和例（22）所示。

（21）a. He fixed the car, but I don't know how.（van Craenenbroeck 2010:2）

　　　b. Fred solved the problem, but he didn't tell us how.（Adams 2012:7）

（22）a. *大吴修好了车，我们都在猜怎么样。

　　　Dawu fixed the car and we all wonder how.（Adams 2012:8）

　　　b. *老吴羞辱李四，但是我不知道怎么样。

　　　Laowu insulted Lisi, but I don't know how.（Wang and Wu 2006:379）

由于类似例（22）的汉语截省句不合格，我们需要思考是否可以通过其他方法在汉语中生成包含特殊疑问词短语"怎么样"的句子，使其表达的意义与包含特殊疑问词"how"的英语截省句类似。通常来说，我们可以采取两种办法。一种方法是将句子前部的谓语动词复制到后部的截省句中，然后将特殊疑问词短语与其组合；另一种方法是同时使用介词"用"，以及由特殊疑问词短语和名词短语构成的表达方式或方法的复杂特殊疑问词短语，如例（23）所示。

（23）a. 大吴修好了车，我们都在猜怎么样修好了车。

　　　Dawu fixed the bicycle and we all wonder how.（Adams 2012:8）

　　　b. 大吴修好了车，我们都在猜用什么方式。

　　　Dawu fixed the bicycle and we all wonder with what method.（Adams 2012:8）

尽管例（23a）和例（23b）都是合格的句子，并且也都表达方式或方法的意义，但它们都不是截省句，因为典型截省句只包含一个残余特殊疑问词，并居于句子后部的谓语动词后。因此，无论采用何种方法来解释汉语截省句的生成机制，我们都必须解释为什么汉语截省句不允许使用特殊疑问词短语"怎么样"。

1.2.3　小结

在前两部分的内容里，我们探讨了英汉截省句的共性和差异。二者之间的共性包括五点：第一，英汉截省句都要求存在显性的先行语小句。换言之，截省句不可能凭空生成，居中必须得有包含语音内容成分的先行语小句提供背景知识。第二，英汉截省句的残余特殊疑问词总能在先行语小句中找到其关联语，而且此关联语必须是无定名词。第三，英汉截省句中充当附加语的残余特殊疑问词的关联语可以不必显性出现。第四，英汉截省句既可以出现在嵌入分句中，也可以出现在主句中。第五，包含英汉截省句的前部和后部必须具有相同的语态，即都是主动语态或被动语态。

尽管英汉截省句具有不少共性，但二者间也存在一些差异。总结来看，主要存在三点差异。第一，汉语截省句中存在系动词"是"，而对应的英语截省句中却没有该成分。具体地说，系动词"是"在充当主目语的简单特殊疑问词短语前必须出现，而在充当主目语的复杂特殊疑问词短语，以及充当附加语的特殊疑问词短语前可以自由出现。第二，汉语截省句中，残余特殊疑问词的关联语必须显性出现，而英语截省句中残余特殊疑问词的关联语则可有可无。第三，表达方式或方法的特殊疑问词"怎么样"不能出现在汉语截省句中，而特殊疑问词短语"how"则可以出现在英语截省句中。

本章描述了英汉截省句之间的共性和差异，这些特征尽管并非穷尽，但至少在某种程度上呈现了二者的句法特征和句法分布，为进一步探讨英汉截省句的相关问题奠定了基础。

1.3 研究问题

英汉截省句之间存在共性，同时也存在差异，因此我们需要回答的问题是能否完全用解释英语截省句的方法来解释汉语截省句，或者采用完全不同的解释方案？

首先，我们需要回答的第一个问题是：汉语截省句中谓语动词受到哪些句法限制？众多语言学家认为，英语截省句的外部结构是一个标句词短语（complementizer phrase）（Merchant 1999, 2001, 2002, 2004, 2006, 2008, 2015, 2016; van Craenenbroeck 2010, 2012）。我们不禁要问，汉语截省句的外部结构是什么？也是一个标句词短语，或者是一种别的结构吗？目前，文献中有两种主流观点：一种认为汉语截省句的外部结构与英语截省句的外部结构相同，即都是标句词短语（Wang 2002; Wang and Wu 2006; Fu 2014）；另一种观点则认为汉语截省句没有外部结构，截省句是一个由空代词"pro"，一个系动词"是"以及一个原位生成的特殊疑问词短语构成（Adams 2002; Adams and Satoshi 2012; Wei 2004, 2009, 2011, 2017）。本书将探索汉语截省句中谓语动词的性质，并提出只有语类选择（categorically-select）标句词短语、语义选择疑问句的谓语动词才能出现在截省句中。

其次，我们需要回答的第二个问题是：汉语截省句涉及怎样的句法推导，以及具有怎样的句法表征？目前文献中有四种解释汉语截省句的方案。第一种是焦点移位法（focus movement approach）（Chiu 2007; Murphy 2014; Wang 2002; Wang and Wu 2006），该方法认为汉语截省句中的特殊疑问词短语经历了焦点移位，来到 [Spec, FocP]，系动词"是"作为焦点标记，其隐现规律取决于其后的特殊疑问词短语是否需要格标记（case-marked）。第二种方法是话题移位法（topic movement approach）（Fu 2014），该方法认为复杂的特殊疑问词短语，以及充当附加语的特殊疑问词短语可以被看作话题成分，前者经历显性移位，来到 [Spec, TopP]，而后者则是原位生成于 [Spec, TopP]。第三种方法是假截省句法（pseudo-sluicing approach）（Adams 2004; Adams and Satoshi 2012; Li and Wei 2014; Wei 2004, 2009, 2011, 2017），该方法认为汉语中不存在真正的截省句，只有假截省句。假截省句是一个简单结构，由一个空代词"pro"，一个系动词及一个原位生成的特殊疑问词短语构成。第四种方法是逻辑式复制法（LF copying approach），该方法认为截省句应该在逻辑式层面得到解读，涉及屈折词短语循环（IP recycling）、萌生（sprouting）及合并（merger）等操作。尽管以上四种解释方法能够从不同的角度为汉语截省句提供解释，但仍然存在不足。我们将在第二章节进行详细分析。鉴于汉语截省句有别于英语截省句的特征和分布，本书将先根据特殊疑问词短语的句法功能和内部结构将其进行重新分类；然后，本书将分析"是"和"有"的句法属性，并提出汉语中典型截省句与假截省句并存，二者涉及不同的句法推导和句法表征。

最后，我们需要回答的第三个问题是：句法岛对汉语截省句会产生什么影响？焦点移位法和话题移位法都认为汉语截省句不受句法岛的限制，条件是截省句中特殊疑问词短语后的所有成分在语音式层面都被语音删略或不被拼读。假截省句法认为，移位岛效应对截省句没有影响，原因在于特殊疑问词短语原位生成，不涉及任何显性移位。既然不涉及任何显性移位，自然也不受任何句法岛的约束。逻辑式复制法没有对句法岛效应进行探讨，因为句法岛效应发生在语音式层面，而逻辑式复制法只讨论逻辑式层面的操作。本书将详细探讨汉语截省句的句法岛效应，并根据所生成的合法或不合法的句子结构进一步探索句法岛效应与汉语截省句生成的关系。

总之，以上研究问题都紧密围绕汉语截省句的主要研究，即出现在汉语截省句中的谓语动词受到何种句法限制，汉语截省句的句法推导和句法表征及汉语截省句的生成过程受到句法岛的影响。鉴于此，我们将深入探讨这些相关问题，从而加深对汉语截省句的理解，并为它的句法特征和句法表征提供一个合理的解释。

1.4 本书框架

本书第二章将对英汉截省句的主流分析方法进行文献综述。目前，英语截省句的分析主要涉及两种方法，即非结构法（nonstructure approach）和结构法（structure approach）。第一部分描述非结构法，该解释法认为特殊疑问词短语线性序列后没有任何成分，特殊疑问词短语被其所在分句的谓语动词语义选择，充当谓语动词的补足语。因此，特殊疑问词短语通过在句中或语境下找到一个变量，该变量约束特殊疑问词短语，从而得到语义解读（van Riemsdijk 1978）；或者，特殊疑问词短语作为句子唯一支配的成分，作为谓语动词的补足语，通过间接允准（indirect-licensing）将先行语与特殊疑问词短语联系起来，从而为特殊疑问词短语的解读赋值（Culicover and Jackendoff 2005）。第二部分分析结构法，该解释法认为截省句的残余特殊疑问词短语的线性序列后还存在内部结构。按照结构法的思路，主要采取以下两种方法来进行解释：语音式删略法和逻辑式复制法。前者涉及特殊疑问词的显性移位，以及屈折词短语在语音式层面被语音删略的句法操作，后者主要涉及在逻辑式层面的操作，通过屈折词短语循环、萌生和合并的操作为截省句的生成提供解释。第三部分探讨分析汉语截省句的各种解释方法。移位法认为，汉语截省句中的特殊疑问词短语发生了显性移位，从原位移到了所在从句的左缘位置（left periphery），移位的目的是获得焦点或话题的语义解读。随后，相关功能投射的补足语，即焦点移位中的屈折词短语或话题移位中的焦点短语在语音式层面被语音删略，从而生成合格的截省句。分裂句法认为，截省句不涉及特殊疑问词短语的任何移位，特殊疑问词短语位于分裂结构的焦点位置，截省句的生成涉及将特殊疑问词短语线性序列后，表达预设意义的成分语音删略。同理，准分裂句法认为，特殊疑问词短语并非位于分裂句的焦点位置，而是位于准分裂句的焦点位置。截省句的生成涉及将居于特殊疑问词短语线性序列之前的所有成分全部删略的句法操作。假截省句法认为汉语中不存在典型截省句，在形式上与英语截省句相似的结构实际上是假截省句。因此，假截省句其实是一个简单结构，包括一个空代词"pro"、一个系动词"是"及一个特殊疑问词短语。此外，系动词"是"是否在结构中出现取决于特殊疑问词短语是否能够充当谓语，如果能充当谓语，系动词"是"则可有可无，如果不能充当谓语，系动词"是"则必须出现。逻辑式复制法认为，汉语截省句应该在逻辑式层面而不是语音式层面进行分析。换言之，特殊疑问词短语原位生成于句子的 [Spec, CP]，其后包含一个空成分 IP，随后通过采用屈折词短语循环、合并及萌生的操作为截省句提供解释。2.4 小节总结本章节所涉及的主要分析方法。

第三章将探讨分析汉语截省句所涉及的理论背景和理论假设。首先，引入省略的概念，并分析关于省略的背景知识和省略的句法限制条件。随后，讨论 Schwarzschild（1999）提出的屈折词短语省略的焦点条件，以及 Merchant（2001）在此基础上完善并应用分析英语截省句的观点。按照屈折词短语省略的焦点条件，只有当屈折词短语 α 满足省略已知条件（e-given）才能够被允准删略。当且仅当一个成分表达 E 能够找到显性的先行语 A，并且通过存在类型转换（∃-type shifting），蕴含（entail）先行语 A 的焦点封闭（Focus-Closure），同时先行语 A 也蕴含这个成分表达 E 的焦点封闭，此时成分表达 E 则满足删略已知条件。该条件为分析汉语截省句所涉及的省略允准条件提供了思路。换言之，我们不再从句法或语义的单一角度，而是可以将二者相结合来分析汉语截省句。再次，我们将阐述话题和焦点的句法结构和句法特征。具体而言，本研究将以制图理论为框架（Cinque 1999; Cinque and Rizzi 2008; Rizzi 1997, 2001, 2013a; Rizzi and Cinque 2016），引入话题和焦点的概念和功能。此外，我们还将探讨在句子中发生显性移位的特殊疑问词短语的特征。最后，我们引入并分析 An（2016）提出的额外删略假设（Extra

Deletion Assumption），并在此基础上提出截省焦点假设来解释汉语截省句的句法推导及句法表征。

第四章将详细分析汉语截省句。第一部分将探讨能够出现在截省句中的谓语动词的句法限制及截省句的功能。通过分析，笔者认为只有语义选择疑问句，并语类选择标句词短语的谓语动词才能出现在截省句中。此外，本书认为截省句的外部结构是一个标句词短语。第二部分探讨汉语截省句的句法推导及相关问题。笔者将按照特殊疑问词短语的内部结构，以及句法功能将其进行重新分类。具体地说，本书将特殊疑问词短语分为充当主目语和充当附加语的两类特殊疑问词短语，前者可以进一步分为简单的充当主目语的特殊疑问词短语，如"谁""什么"及复杂的充当主目语的特殊疑问词短语，如"哪个人""谁的朋友""什么东西"等。充当附加语的特殊疑问词短语可以进一步分为简单的和复杂的特殊疑问词短语，前者可以看作一个完整成分，如"什么时候""什么地方""为什么""多贵"等，后者通常由一个介词充当中心语，名词短语充当介词中心语的补足语，如"跟某人""对某人"等。此外，本章节也将探讨"是"和"有"的句法性质。Huang（1988）认为，汉语中有两种类型的"是"，一种作为二元谓词（two-place predicate），连接两个主目语；另一种作为认知情态动词（epistemic modal），能够吸引主语进行位置提升。Cheung（2008）认为，"是"不应该看作焦点标记（focus marker），而应当看作一个屈折语素，其功能与英语分裂句中的系动词类似。换言之，"是"可以连接空虚主语和前置的特殊疑问词短语，是后者成为分裂句的焦点。然而，笔者认为，汉语截省句中存在两种类型的"是"。具体而言，"是"可以充当二元谓词，在准分裂句中表达等同的意义；"是"也可以原位生成于焦点短语的中心语位置，充当焦点标记，并且遵守截省句焦点假设，即"是"从焦点中心语位置显性移位至语气词短语中心语位置，并且在线性序列上居前于特殊疑问词短语，或者"是"居于原位，按照额外删略假设，它将与屈折词短语一起被语音删略。同理，本书认为，"有"只出现在假截省句中，涉及简单的充当附加语的特殊疑问词短语，该短语与先行语小句中的关联语属性密切相关。由于充当附加语的特殊疑问词短语能够作谓语，因此"有"可以自由出现，不影响句子的合法性。当"有"显性出现时，其句法功能与英语中的助动词"do"相同。此外，本研究也将探讨典型截省句与假截省句的区别。笔者认为，汉语中既存在典型截省句，也存在假截省句，后者是一个简单结构，由空代词"pro"、系动词"是"和特殊疑问词短语构成。汉语中的两类简单的充当主目语的特殊疑问词短语，即"谁"和"什么"，出现在假截省句中。此时，"是"必须出现，目的是帮助特殊疑问词短语实现谓语化。简单的充当附加语的特殊疑问词短语，如"多贵""多高"等，与先行语小句中的关联语属性密切相关，"有"在该类假截省句中可以自由出现。典型截省句不仅可以出现在嵌入分句中，也可以出现在主句中。本书认为，复杂的充当主目语的特殊疑问词短语，以及其他充当附加语的特殊疑问词短语出现在典型截省句中，前者经历了焦点移位，来到焦点短语的标志语位置，后者则原位生成。第三部分将探讨典型截省句与句法岛的关系。通过论证，本书认为典型截省句不受以下句法岛的限制，即主语从句岛（sentential subject island）、同位语从句岛（appositive island）和并列结构岛（coordinate structure island），但在某种程度上受到关系从句岛（relative clause island）限制。第四部分将分析汉语中特殊疑问词短语前置的特征。本书认为，汉语典型截省句中的特殊疑问词短语携带强焦点特征，该特征必须通过显性焦点移位才能够得到核查。笔者认为，汉语截省句中特殊疑问词短语的前置与汉语属于特殊疑问词短语不发生移位的属性不冲突，原因在于汉语截省句中的相关成分必须显性移位至屈折词短语左缘的焦点位置，而该相关成分正好是特殊疑问词短语。第五部分为总结本章节探讨的主要内容。

第五章将本文分析汉语截省句的观点应用到多重截省句的分析中，多重截省句指包含两个或多个特殊疑问词短语的句法结构。本书认为，汉语截省句的分析观点同时也适用于分析汉语多重截省句。

第六章为总结本研究的意义，指出研究所存在的不足，并提出将来研究可能的研究话题和方向。

2　文献综述

本章节将综述英汉截省句的主要分析方法。2.1 部分讨论英语截省句的非结构法，该解释方法认为特殊疑问词短语原位生成于嵌套分句谓语动词的补足语位置，其线性序列后不包含任何句法结构。2.2 部分分析英语截省句的结构法，该解释方法认为特殊疑问词短语的线性序列后还存在内部句法结构，截省句可以在语音式层面或逻辑式层面获得解释。2.3 部分探讨汉语截省句的主流分析方法，包括移位法、分裂句法、准分裂句法和逻辑式复制法。2.4 部分总结不同分析方法的核心观点。

2.1　英语截省句的非结构法

截省句的概念由 Ross（1969）首先提出。目前，文献中有两种关于截省句的主流分析方法：一种是非结构法，另一种是结构法。前者认为特殊疑问词短语线性序列后没有任何内部结构，后者认为从表面上看，特殊疑问词短语是一个孤立的成分，但实际上它源于完整的标句词短语，并经历了移位和删略的句法操作，从而生成合格的截省句。

Van Riemsdijk（1978）极力提倡用非结构法来解释英语截省句，他指出截省句中的特殊疑问词短语对句子前部中的一个变量（variable）进行提问，以例（1）为例。

(1) a. Someone has finished the washing, but we are not sure *who*.

　　b. Mary is shouting, although I can't hear *to whom*.

　　c. John has left and one can only guess *who with*.（van Riemsdijk 1978:232）

在例（1）中，特殊疑问词短语"who"及"whom"都是询问句子前部中人员的身份信息。此外，语境并不一定非得与特殊疑问词短语同在一个分句，它也可以出现在独立的话语中。换言之，截省句也可以出现在涉及两人对话的语境中，如例（2）所示。

(2) a. —— Someone has finished the job.
　　　—— You will never know *who*.
　　b. —— She is shouting there.
　　　—— *To whom*.
　　c. —— He has left.
　　　——*With whom*.（van Riemsdijk 1978:233）

从例（2）可以看出，截省句既可以出现在主句中，也可以出现在嵌入分句中。我们不仅能够对截省句中的变量进行提问，同时也可以用名词短语对其进行替换，如例（3）所示。

(3) a. —— Someone has finished the job.
　　　—— It must be *Tom*.
　　b. —— She is shouting there.
　　　—— *To Lucy*?
　　c. —— He has left.
　　　——*With Mary*.（van Riemsdijk 1978:233）

因此，van Riemsdijk 将截省句现象称为话语连接现象，并采用语用连接规则来解释截省句。van Riemsdijk 提出，有的截省句没有显性成分作为语言语境，因此这样的截省句只能在语用语境下得到解释。

(4) a.（John, holding two bottles of wine in his hands, says to Tom）*Which one*?
　　b.（John rushed excitedly into the office with a letter in his hand and Lucy saw this and said to him）*From whom*?（van Riemsdijk 1978:234）

例（4a）和例（4b）都是合格的句子，尽管疑问词变量无法找到显性的语言语境。因此，这类的截省句在某种程度上与剥离句（stripping）具有相同的句法表现，只不过剥离句中出现的是名词短语而不是特殊疑问词短语，如例（5）所示。

（5）a.（John, holding two bottles of wine in his hands, says to Tom）The small one?
　　b.（John rushed excitedly into the office with a letter in his hand and Lucy saw this and said to him）From Lucy?（van Riemsdijk 1978:235）

由于 Hankamer and Sag（1976）和 Williams（1977）提出剥离句的生成不涉及删略的句法操作，van Riemsdijk（1978）认为非删略法或非结构法也可以用来解释截省句的生成，但条件是删略必须满足同一性（identity）条件，即被删略的成分与先行语小句具有平行结构。由于不存在语言语境作为先行语小句，因此删略是不能被允准的。

鉴于此，van Riemsdijk 认为截省句需要满足的基本条件非常简单。具体地说，只需能够在语言语境中找到一个变量，使其约束特殊疑问词短语，并核查相关条件是否得到满足，如数、人称或格特征是否一致，最后对其进行解读即可。他还进一步完善并认为截省句的生成可以通过非删略法或短语结构规则进行解释。[①]

van Riemsdijk 的观点存在几点明显的问题。第一，语类再分问题。语类再分指的是动词通常选择合适的语类充当其补足语。以例（6）和例（7）为例。

（6）a. John saw someone, but we don't know *who*.
　　b. John left, but I don't know *with whom*.
　　c. John is quite tall, but we don't know *how tall*.（van Riemsdijk 1978:238）

[①] 需要指出的是，van Riemsdijk 此处所提出的观点与本文所探讨的内容无关，因此我们不进行详细探讨。

（7）a. John knew *his secret*.

　　b. John knew *about our plan*.

　　c. *John knew *very tall*.（van Riemsdijk 1978:238）

　　按照短语结构规则，动词"know"通常语类选择一个名词短语或一个介词短语，而不选择形容词短语，如例（7）所示。因此，例（6c）的动词"know"选择了形容词短语，而且所生成的句子是合格的。问题是为什么同样是动词"know"选择形容词短语，例（6c）合格而例（7c）却不合格？van Riemsdijk（1978）认为，反对采用短语结构规则的观点错误地认为语类选择是主要因素，而选择具有疑问特征的补语是次要的。他的解决方案是认为选择具有疑问特征是主要因素，无论该成分是什么语类。因此，语类再分能够通过短语结构规则来解释截省句。

　　第二，一致关系（agreement）和格标记（case-marking）问题。Ross（1969）提出，截省句中的残余特殊疑问词短语必须同先行语小句中的变量在数（number）和格（case）方面保持一致。

（8）a. Someone has done the job, but we don't know *who* / **whom*.

　　b. He is going to give us some problems, but which problems isn't / **aren't* clear.

　　（Ross 1969:5）

　　在例（8a）中，变量"someone"充当句子前部的主语，具有主格，而句子后部中的特殊疑问词短语"who"也具有主格，而不是宾格，原因在于其后有一个内部结构，该结构经历了删略的句法操作。然而，van Riemsdijk（1978）认为针对名词短语的某些格要求实际上可以在语用语境下得到解读。因此，他的结论是格标记要求对解释截省句的删略法和短语结构规则分析法既不构成支撑证据也不构成挑战证据。

　　第三，是一致原则，其指的是主语和谓语动词需要在人称和数方面保持一致。在例（8b）中，主语"which problems"具有复数特征，因此谓语动词"be"也应该与主语的数特征保持一致，拼读为复数形式"are"，然而该形式却导致句子不合格。按照删略法，主语"which problems"与谓语动词"is"

在数特征方面一致,其原因在于主语"which problems"是完整分句"which problems he is going to give us"的一部分,在语音式层面除了特殊疑问词短语以外的成分均被删略。由于主语是一个完整的句子而不是复数名词短语,因此谓语动词只能拼读为单数"is"。van Riemsdijk 在 Koster(1978)的基础上提出根本不存在主语从句,主语从句实际上原位生成于句子的左缘位置,其中一个不具有语音形式的照应成分将该部分解读为句子的主语。在某些情况下,这个照应成分表现为"that",如例(9)所示。

(9) He is going to give us some problems, but which problems he is going to give us, *that* isn't clear.(van Riemsdijk 1978:247)

因此,Van Riemsdijk(1978)认为短语结构规则分析法能够解释截省句所涉及的格标记和数特征一致问题。

Culicover and Jackendoff(2005)将截省句定义为一个位于语境中的单独的特殊疑问词短语,在该语境中可以提出一个间接问句,如例(10)所示。

(10) a. John is drinking something, but we don't know *what*.
  b. John is drinking again, but we don't know *what*.
  c. John is drinking beer again, but we don't know *why*.
  d. John either drinks beer or smokes cigars, but we don't remember *which*.
  (Culicover and Jackendoff 2005:266)

由于截省句与间接疑问句相似,而后者除了特殊疑问词短语以外其余成分皆被删略,因此可以认为截省句涉及特殊疑问词短语移位和其后所有成分在等同条件下皆被删略的句法操作。然而,大多数的分析只涉及特殊疑问词短语出现在嵌入分句的情况,没有关于特殊疑问词短语出现在非嵌入分句的探讨。在后者中,截省句被解读为指代前文所出现的语境,如例(11)所示。

(11) A: John is drinking beer again.
  B: *Why*? *How often*? *Where*?(Culicover and Jackendoff 2005:267)

Merchant（2004）认为类似例（11B）这样的片段句（fragment）的生成涉及一个完整的句子。在句子中，片段成分经历了焦点移位，随后其后的所有成分在语音式层面被语音删略，从而生成合格的片段句。因此，移位加删略的方法可以用来解释这样一种情况，即特殊疑问词短语的原位位于完整句内，经历了移位来到句子的左缘位置。随后，特殊疑问词短语之后的所有成分在语音式层面被语音删略，从而生成只剩下特殊疑问词短语的合格的截省句。例如，在例（10a）中，特殊疑问词短语"what"原位生成于谓语动词"drink"的补足语位置，随后经历了移位，来到嵌入分句"John is drinking"的标志语位置，即 [Spec, CP]；在语音式层面，标句词中心语的补足语，即屈折词短语 IP "John is drinking"，在与先行语小句"John is drinking something"保持等同的前提下被语音删略，从而生成合格的截省句。

然而，移位加删略法并不能解释以下一种情况，即特殊疑问词短语的移位是非法的，如例（12）所示。

（12）a. John is drinking beer again, but we don't know *what kind* ~~John is drinking [t beer] again~~.
b. John met someone [who came from a small place of Guangzhou], but we don't know *where* ~~John met someone who came from t~~.
（Culicover and Jackendoff 2005:268）

Merchant（2001）提出，尽管特殊疑问词短语从句法岛内移除违反了句法岛效应，但该违法操作可以通过把相关成分在语音式层面进行语音删略得到修复。具体而言，特殊疑问词短语经历显性移位后会在其原位留下标记，该遗留的标记会导致生成的结构不合格。然而，只要遗留的标记在语音式层面不被拼读或被语音删略，不合法的句子就能变得合法。

Culicover and Jackendoff（2005）提出，截省句中的特殊疑问词短语不包含任何深层结构，截省句其实是一个具有特殊疑问句话语意义的结构。因此，截省句只能出现在间接疑问句被语义允准的结构中。具体而言，截省句可以通过间接允准（indirect licensing）得到解释。特殊疑问词短语被称为残留成分，其语义包含一个疑问算子 Qx，该疑问算子约束特殊疑问词短语的语义，使其成为一个特殊疑问句。函数 F 是一个特殊疑问句的命题内容，其值通过间接允准被赋予。按照 Culicover and Jackendoff 的观点，截省句的句法和语义可以简单地表达为例（13）。

（13）Syntax: [S wh-phrase ^{ORPH}]^{IL} Semantics: Qx [F（x）]

然而，Culicover and Jackendoff（2005）认为截省句中特殊疑问词短语之后没有任何内部结构，他们也承认当截省句出现在嵌入分句内时，的确存在一个句法结构。具体地说，似乎有一个从句节点支配着特殊疑问词短语。他们提供了三条证据。第一点证据是截省句中的特殊疑问词短语通常出现在从句所出现的位置。换言之，当截省句中的特殊疑问词短语出现在从句的主语位置时，其必须与从句的谓语动词在数特征方面保持一致。也就是说，当特殊疑问词短语是单数时，谓语动词也应该是单数；当特殊疑问词短语是复数时，谓语动词也应该体现出复数的特征。

（14）a. They are about to impose some sanctions on North Korea, but *which sanctions isn't* clear.
b. *They are about to impose some sanctions on North Korea, but *which sanctions aren't* clear.（Culicover and Jackendoff 2005:268）

在例（14）中，特殊疑问词短语"which sanctions"具有复数特征，位于嵌入分句的主语位置。由于主语与谓语动词需要在人称、数方面保持一致，因此谓语动词也应该体现出复数特征。然而，系动词"be"的复数形式"are"的出现导致句子不合格，如例（14b）所示，只有将其改变为单数形式"is"才能使句子变得合格，如例（14a）所示。以上例子表明，一致关系问题可以通过以下假设得到解释，即特殊疑问词短语并非一个完全独立的成分，而是作为一个标句词短语的一部分，在语音式层面除了特殊疑问词短语以外其余成分皆被删略。鉴于此，例（14a）由例（15）派生而来，在后者中，包含特殊疑问词短语的完整句子位于嵌入分句的主语位置，由于该完整句子充当主语，因此谓语动词必须体现出单数特征。

（15） They are about to impose some sanctions on North Korea, but *which sanctions they are about to impose on North Korea* isn't clear.

（Culicover and Jackendoff 2005:268）

第二点证据来自截省句中的残余特殊疑问词短语与动词词组的位置。具体而言，截省句中的残余特殊疑问词短语在句法表现上与完整的句子类似，而且只能出现在动词词组中的小品词之后，而不是之前。相比较而言，名词短语不仅可以出现在小品词之前，也可以出现在小品词之后。

（16） a. John has done something inappropriate, but we could not figure out *what*.

b. *John has done something inappropriate, but we could not figure *what* out.

（17） a. John has done something inappropriate, but we could not figure out *what he has done*.

b. *John has done something inappropriate, but we could not figure *what he has done* out.

（18） a. John has figured out *the answer to the problem*.

b. John has figured *the answer to the problem* out.

（Culicover and Jackendoff 2005:269）

在例（16）和例（17）中，截省句中的残余特殊疑问词短语"what"，以及完整的句子"what he has done"具有相同的句法表现，两者都只能出现在小品词"out"之后而不是之前。然而，在例（18）中，名词短语"the answer to the problem"既可以出现在小品词之前，也可以出现在小品词之后。由于截省句中的残余特殊疑问词短语与完整的句子具有相同的句法表现，因此可以假设在截省句的嵌入分句中存在一个内部句法结构。

第三点证据证明截省句的嵌入分句中存在一个内部结构来自残余特殊疑问词短语在"for-to"分句中句法表现。具体而言，截省句中残余特殊疑问词短语与完整的句子具有相同的句法表现，它只能出现在外置的位置，不能出现在"for-to"分句的主语位置，而名词短语具有相反的句法分布。换言之，

2 文献综述

名词短语只能出现在"for-to"分句的主语位置，而不能出现在外置位置。

（19）a. John is about to say something, but we expect very much for it to be unclear *what*.

b. *John is about to say something, but we expect very much for *what to* be unclear.

（20）a. John is about to say something, but we expect very much for *it to* be unclear *what*(*it is about*).

b. *John is about to say something, but we expect very much for *what*(*it is about*) to be unclear.

（21）a. John is about to say something, but we expect very much for *his topic* to be unclear.

b. *John is about to say something, but we expect very much for *it* to be unclear *his topic*.

（Culicover and Jackendoff 2005:270）

在例（19a）和例（20a）中，截省句中的残余特殊疑问词短语和完整的句子都出现在"for-to"分句的外置位置，所生成的句子都合格。然而，例（19b）、（20b）与例（19a）、（20a）构成鲜明对比，两者均不合格。具体而言，在例（21a）中，名词短语"his topic"位于for-to分句的主语位置，句子的合法性不受影响，而在例（21b）中，名词短语出现在外置位置，句子变得不合法。因此，截省句中的残余特殊疑问词短语与完整的句子具有相同的句法分布，而名词短语与其具有不同句法分布。鉴于此，Culicover and Jackendoff（2005）认为上述成分的句法分布差异进一步证明在截省句的嵌入分句中存在一个内部结构。

2.2 英语截省句的结构分析法

与非结构分析法相比，结构分析法认为截省句的残余特殊疑问词短语之后还存在一个内部结构。结构分析法可以进一步分为两种方法：一是语音式删略法，二是逻辑式复制法。前者认为截省句中的特殊疑问词短语原位生成于屈折词短语内，然后经历了显性移位来到 [Spec, CP]，最后在语音式层面，特殊疑问词短语之后的所有成分在满足与先行语小句等同的条件下被删略，从而生成合格的截省句；后者在逻辑式层面通过采用 IP- 循环、萌生和合并的操作对截省句进行语义解读。

2.2.1 语音式删略法

语音式删略法（Kim 1997; Lasnik 2001; Merchant 2001, 2004, 2006, 2008, 2013, 2015, 2016; Ross 1969; Sag 1976, etc.）认为，截省句的生成涉及特殊疑问词短语的显性移位及屈折词短语的语音删略。具体而言，特殊疑问词短语原位生成于屈折词短语内，随后经历显性移位来到 [Spec, CP]。在语音式层面，标句词短语的补足语，即屈折词短语被语音删略，从而生成只剩特殊疑问词短语的截省句。

（22）a. John is writing something, but you can't imgaine what.
    b. John is writing something, but you can't imgaine [$_{CP}$ *what*$_i$ [$_{IP}$ ~~John is writing t$_i$~~]].（Ross 1969:2）

例（22）是典型的截省句，句子前部中的名词短语"something"作为后部中特殊疑问词短语"what"的关联语。由于屈折词短语"John is writing something"充当截省句的先行语小句，因此截省句具有与先行语小句相同的内部结构。随后，特殊疑问词短语"what"发生显性移位，即从谓语动词"write"的补足语位置移位至 [Spec, CP]。最后，在语音式层面，屈折词短语被删略，从而生成合格的截省句。

2.2.1.1 截省句的外部结构

Merchant（2001）不赞同 van Riemsdijk（1978）的观点，认为截省句是一个孤立的特殊疑问词短语，该短语充当嵌入分句的补足语。相反，Merchant 认为截省句具有一个外部结构，该结构是一个具有疑问意义的标句词短语。Merchant 提供了四点证据证明：表面上是孤立的特殊疑问词短语实际上是一个标句词短语。

第一个证据来自谓语动词的选择限制。Ross（1969）指出，只有语义上选择疑问句并且语类上选择标句词短语的谓语动词才能够出现在截省句中。例如，动词"wonder"通常选择疑问句而不是名词短语作为其补足语，如例（23）所示。

（23）a. *We all wonder [$_{NP}$ the time] / [$_{NP}$ the answer].
　　　b. We all wonder [$_{CP}$ what time it is] / [$_{CP}$ what the answer is].（Merchant 2001:41）

例（23a）不合法是因为名词短语不能充当谓语动词"wonder"的补足语，该谓语动词只能选择标句词短语充当补足语。因此，谓语动词"wonder"是可以出现在截省句中的，如例（24）所示。

（24）a. John wanted to buy something, but I wonder *what*.
　　　b. John invited someone to give us a speech, but we all wonder *who*.
　　　　（Merchant 2001:41）

反对 Ross 的观点则认为，像"know"这样的动词具有词汇歧义。换言之，动词"know"既可以选择名词短语充当补足语，也可以选择标句词短语充当补足语，如例（25）所示。

（25）a. John knows [$_{NP}$ Professor George].
　　　b. John knows [$_{CP}$ which professor was present].（Merchant 2001:41）

我们需要回答的问题是：截省句中的特殊疑问词短语到底是一个孤立的名词短语，还是一个完整的标句词短语，其某些成分被语音删略。然而，Merchant（2001）认为，在给定的语境下，截省句解读是唯一的选择。即使动词"know"既可以选择名词短语，也可以选择标句词短语作为补足语，当语境要求具有截省句解读时，只能认为谓语动词后是一个完整的标句词短语。

(26) John said that one of the professors had been absent from the seminar. *Who* knows *which*?（Merchant 2001:42）

在给定语境中，例（26）只能具有标句词短语解读，如例（27a），而不能具有多重名词短语解读，如例（27b）。换言之，例（27a）的回答只能是例（28a）而不是例（28b）。

(27) a. Who knows which professor John said had been absent from the seminar?
   b. Who knows which professor?
(28) a. Mary does. / Mary knows which professor John said had been absent from the seminar.
   b. Mary knows Professor Chomsky, Lucy knows Professor Lasnik, etc.
   （Merchant 2001:42）

第二个证据来自格一致要求。Ross（1969）首次提出在德语中，截省句中的特殊疑问词短语必须与先行语小句中的名词短语在人称性数等方面保持一致。以下面的两句话为例。

(29) Er will jemandem schmeicheln, aber sie wissen nicht
   he wants someone. DAT flatter but they know not
   wem / *wen.
   who. DAT who.ACC
   He wants to flatter someone, but they don't know who.
(30) Er will jemanden loben, aber sie wissen nicht
   he wants someone. ACC praise but they know not
   *wem / wen.
   Who. DAT who.ACC
   He wants to praise someone, but they don't know who.
   （Ross 1969:5）

在德语中，动词"schmeicheln 'flatter'"能够给其宾语授予格（dative case），动词"wissen 'know'"和动词"loben 'praise'"分别可以给其宾语授宾格。在例（29）中，截省句中的特殊疑问词短语如果是一个孤立的成分，并且作为谓语动词"wissen 'know'"的直接宾语的话，那么特殊疑问词短语应该具有宾格，并拼读为"wen 'who'"。然而，特殊疑问词短语具有宾格的话会导致句子不合格。只有当特殊疑问词短语具有与格，并拼读为"wem 'who'"时，句子才会变得合格。同理，例（30）中的特殊疑问词短语应该被授宾格，并拼读为"wen 'who'"。以上两个例子表明，截省句中特殊疑问词短语的授格不同于谓语动词给其补足语的授格。

Merchant（2001）指出英语也存在类似的情况。例如，在例（31）中，特殊疑问词短语应该和其先行语小句中的关联语具有相同的格，即所有格，而不是嵌入分句的谓语动词"know"给其补足语赋的宾格。

（31）Somebody's book is left on the desk, but we don't know *whose / *whom / *who*.

（Merchant 2001:43）

到目前为止，我们可以肯定的是截省句中的特殊疑问词短语如果能在其先行语小句中找到的关联语的话，必须与关联语保持一致。如果特殊疑问词短语无法在先行语小句中找到显性的关联语，那么问题是特殊疑问词短语应该被赋予什么格？Merchant指出，尽管先行语小句中没有显性的关联语，但特殊疑问词短语的赋格也并非自由，它的赋格与嵌入分句的谓语动词给其补足语赋的格完全不同。

（32）A book is left on the desk, but we don't know *whose / *who / *whom*.

（Merchant 2001:44）

在例（32）中，尽管特殊疑问词短语无法在先行语小句中找到显性的关联语，但特殊疑问词短语的赋格应该是所有格，而不是嵌入分句的谓语动词"know"为其补足语赋的宾格。

目前所探讨的内容表明截省句中的特殊疑问词短语的格特征与居前的谓语动词的赋格没有任何关联。特殊疑问词短语的线性序列后包含一个与先行语小句结构类似的完整结构，该结构中的谓语动词为特殊疑问词短语赋格，在语音式层面，该完整结构除了特殊疑问词短语以外其余成分皆被删略。

另一个支撑证据来自形容词，例如"clear""certain"和"obvious"，这样的形容词可以选择嵌入疑问句，但不能为其赋格。

（33）Someone has come, but it's not clear *who*.（Merchant 2001:44）

通过观察，我们发现形容词"clear"无法授结构格，因此其不能选择名词作为补足语。例（34）不合格是因为名词短语"her plans"没有得到格，导致违反了格检验式（case filter）。

（34）*It is not clear *her plans*.（Merchant 2001:45）

因此，例（33）中的特殊疑问词短语"who"并不是一个孤立的成分，也不是形容词"clear"的补足语，而是完整标句词短语的一部分，只不过该完整的标句词短语除了特殊疑问词短语以外，其余成分在语音式层面皆不被拼读。

一个类似的情况涉及形容词"worth"，该形容词具有赋格能力，如例（35a）所示，但不选择标句词短语充当补足语，如例（35b）所示。因此，形容词"worth"是不能出现在截省句中，否则所生成的句子则不合格，如例（35c）所示。

（35）a. This stone is worth *a thousand dollars*.
　　　b. *The stone isn't worth *which amount he has paid*.
　　　c. *He paid a certain amount of money for the stone, but we don't think the stone is worth *which*.（Merchant 2001:45）

上述内容表明，截省句中的特殊疑问词短语的赋格与其所属的完整标句词短语内的谓语动词密切相关，其所得到的格与嵌入分句的谓语动词为其补足语赋予的格完全不同。

2 文献综述

第三个证据涉及谓语动词与主语在数特征方面的一致关系。形态特征丰富的语言要求主语与谓语动词在数方面保持一致。Ross（1969）观察到，如果位于主语位置的截省句中的特殊疑问词短语是一个孤立成分，那么谓语动词就应该与特殊疑问词短语在数特征方面保持一致。换言之，当特殊疑问词短语是单数时，谓语动词也应该体现单数一致特征；当特殊疑问词短语是复数时，谓语动词也应该体现出复数一致特征。

（36）The policy is certain to bring us some problems, but *which problems *aren't / isn't clear.*（Ross 1969:5）

在例（36）中，复数特殊疑问词短语"which problems"位于从句的主语位置，要求谓语动词"be"与其在数特征方面保持一致，即谓语动词应该拼读为"are"，但例（36）不合格，原因在于主语与谓语动词在数特征方面并未保持一致。只有将复数形式的谓语动词"are"改为单数形式的谓语动词"is"才能使句子合格。事实上，位于主语位置的特殊疑问词短语与谓语动词之间并不存在特征不一致，原因在于特殊疑问词短语并非孤立的成分，而是完整标句词短语的一部分。因此，例（36）由例（37）派生而来，嵌入分句的主语是一个完整的标句词短语，要求谓语动词也必须在数特征方面保持一致，体现出单数形式特征。

（37）The policy is certain to bring us some problems, but [$_{CP}$ *which problems the policy is certain to bring us*] *isn't* clear.（Ross 1969:8）

Merchant（2001）赞同 Ross 的观点，认为截省句的外部结构是一个完整的标句词短语，而不是一个孤立的特殊疑问词短语；不是孤立的特殊疑问词短语与谓语动词在数特征方面保持一致，而是完整的、包含特殊疑问词短语的标句词短语与谓语动词在数特征方面保持一致。因此，即使截省句中的复数形式的特殊疑问词短语位于主语位置，但谓语动词并不与其保持数特征一致，而是与整个标句词短语保持一致，体现出单数形式，如例（38）所示。

（38）a. Some of these problems are solvable, but [*which problems*] *is* / *are not obvious.

b. Some of these problems are solvable, but [$_{CP}$ *which problems are solvable*] *is* not obvious.（Merchant 2001:46）

第四个证据涉及名词短语与标句词短语的句法分布。具体而言，截省句中的特殊疑问词短语的句法分布总是与特殊疑问句的句法分布相同。

Ross（1969）观察了英语中成分外置的现象，并指出截省句中的特殊疑问词短语既能出现在主语位置，也能出现在外置位置，但名词短语不具备上述句法分布。Ross 分析了典型形容词 "clear"，该形容词无法授结构格，因此不能允准名词短语充当其补足语。

（39）a. *The solution to the air pollution is* not clear.

b. **It is not clear the solution to the air pollution.*（Ross 1969:9）

在例（39a）中，名词短语 "the solution to the air pollution" 位于句子主语位置，所生成的句子合格。但在例（39b）中，名词短语位于外置位置，该位置无法得到形容词 "clear" 允准，因此所生成的句子不合格。

然而，截省句中的特殊疑问词短语几乎可以出现在同样的句式中，如例（40）所示。

（40）a. One of the solutions to the air pollution is feasible, but *which of them* is not clear.

b. One of the solutions to the air pollution is feasible, but *it* is not clear *which of them*.（Ross 1969:9）

例（40）之所以合格是因为特殊疑问句不仅能出现在主语位置，同时也可以出现在外置位置，如例（41）所示。

（41）a. *Which of the solutions to the air pollution* is feasible is not clear.

b. It is not clear *which of the solutions to the air pollution is feasible.*
（Ross 1969:9）

Ross（1969）也提供了介词短语和副词短语的例子，这些短语都不能作为形容词"clear"的主目语。

（42）a. * [*With John*] / [*Slowly*] isn't clear.
b. * It isn't clear [*with John*] / [*slowly*].(Ross 1969:9)

然而，介词短语和福词短语包含特殊疑问词短语的结构却可以出现在截省句中，如例（43）所示。

（43）a. We know that John was drinking, but [*with whom*] / [*how slowly*] is not clear.
b. We know that John was drinking, but it is not clear [*with whom*] / [*how slowly*].
（Merchant 2001:46）

以上例子表明，截省句中的特殊疑问词短语与名词短语具有不同的句法功能和句法分布，前者所能出现的位置与完整的标句词短语所能出现的位置一致。Merchant（2001）也提供了来自德语的例子，在该例子中，名词性主目语出现在谓语动词的一边，而句子主目语则出现在谓语动词的另一边。如果截省句中的特殊疑问词短语具有与名词短语相同的功能，并且原位生成于嵌入分句谓语动词的补足语位置的话，那么在德语中该特殊疑问词短语应该出现在谓语动词的左边。如果特殊疑问词短语具有与名词短语不同的功能，并且由一个完整的、具有特殊疑问意义的标句词短语派生而来的话，那么该特殊疑问词短语应该出现在谓语动词的右边。

在德语中，特殊疑问词短语可以出现在多重特殊疑问句内，如例（44）所示。

(44) Wann hat Elke gestern *was* / *welches* Auto repariert?
When has Elke yesterday what which car repaired…
When did Elke fix what / which car yesterday?
（Merchant 2001:47）

如果句子的句末谓语动词后还有一个名词短语，那么这样的结构接受度不高；而如果将名词短语替换为特殊疑问词短语，那么所生成的结构接受度更差，如例（45）所示。

(45) a. *Wann hat Elke gestern t_i repariert *das Auto$_i$*?
When has Elke yesterday repaired the car…
When did Elke fix the car yesterday?

b. *Wer hat gestern t_j repariert *welches Auto$_j$*?
Who has yesterday repaired which car…
Who fixed which car yesterday?
（Merchant 2001:48）

此外，一个完整的、具有特殊疑问意义的标句词短语不能出现在从句内，如例（46a），但既可以出现在外置位置，如例（46b），也可以通过显性移位出现在 [Spec, CP]，如例（46c）。

(46) a. *Wir haben nicht *welches Auto Elke repariert hat* gewußt.
We have not which car Elke repaired has known…

b. Wir haben nicht gewußt, *welches Auto Elke repariert hat*.
We have not known which car Elke repaired has…

c. *Welches Auto Elke repariert hat* haben wir nicht gewußt
Which car Elke repaired has have we not known…
We didn't know which car Elke repaired.
（Merchant 2001:48）

因此，截省句中的特殊疑问词短语与完整的、具有特殊疑问意义的标句词短语具有同样的句法分布。换言之，截省句中的特殊疑问词短语可以出现在外置位置，如例（47a），或者出现在 [Spec, CP]，如例（47b），但其不能出现在分句内，如例（47c）。

（47）Daß Elke ein Auto repariert hat haben wir gewußt, aber…
That Elke a car repaired has have we known but…
We knew that Elke repaired a car, but…

　　a. wir haben nicht geahnt *welches*.
　　　We have not suspected which…

　　b. *welches* haben wir nicht geahnt.
　　　Which have we not suspected…

　　c. *wir haben nicht *welches* geahnt.
　　　We have not which suspected…
　　　We had no idea which.

（Merchant 2001:49）

以上四个证据，即谓语动词的选择限制、格匹配要求、谓语动词与主语在数特征方面的一致关系，以及名词短语与标句词短语的句法分布，这表明截省句中的特殊疑问词短语并不是原位生成与嵌入分句谓语动词的补足语位置，而是与完整的、具有特殊疑问意义的标句词短语具有相同的句法分布。因此，截省句的外部结构是一个完整的标句词短语。

2.2.1.2　截省句的内部结构

在前一小节，我们探讨了截省句的外部结构，该结构并不是一个孤立的特殊疑问词短语，充当嵌入分句谓语动词的补足语，而是一个完整的、具有疑问意义的标句词短语。按照语音式删略法，截省句的生成涉及特殊疑问词短语显性移位至 [Spec, CP]，随后在语音式层面，标句词中心语的补足语，即屈折词短语被语音删略，从而生成合格的截省句。因此，我们需要回答的问题是屈折词短语在语音式层面是怎样被删略的。换言之，我们需要探究屈折词短语被语音删略的允准条件。

通过 Ross（1969）和 Merchant（2001）的观察，截省句中的屈折词短语被删略需要得到某些条件的允准。换言之，屈折词短语不可能随意被语音删略。例如，在例（48）中，充当标句词"that"补足语的屈折词短语是不能被语音删略的。

（48）a. Mary was ill, but Bill didn't know [$_{CP}$ that [$_{IP}$ Mary was ill]].
　　　b. *Mary was ill, but Bill didn't know [$_{CP}$ that [$_{IP}$ ~~Mary was ill~~]].
　　　（Merchant 2001:56）

在例（48a）中，屈折词短语"Mary was ill"可以获得低平的声调或者轻声，原因在于其包含的信息已经在前文中出现，属于旧信息。然而，即使屈折词短语是重复信息，将其在语音式层面删略会导致生成的句子不合格，如例（48b）所示。

标句词"that"在其他语言环境下也具有相同的表现。换言之，无论标句词短语谓语主语位置还是位于外置位置，其补足语屈折词短语在语音式层面都不允许被语音删略，如例（49b）和（50b）所示。

（49）a. The building was destroyed, but it is not easily observed [$_{CP}$ that [$_{IP}$ the building was destroyed]].
　　　b. *The building was destroyed, but it is not easily observed [$_{CP}$ that [$_{IP}$ ~~the building was destroyed~~]].
（50）a. The building was destroyed, but [$_{CP}$ that [$_{IP}$ the building was destroyed]] is not easily observed.
　　　b. *The building was destroyed, but [$_{CP}$ that [$_{IP}$ ~~the building was destroyed~~]] is not easily observed.
　　　（Merchant 2001:56）

同理，除了标句词"that"之外，其他的标句词，例如"if"和"for"，也都不允许其补足语被语音删略，如例（51）所示。

（51）a. *The U.S. claimed that it would impose severe economic sanctions on North Korea, but no one knew for sure [~CP~ if [~IP~ ~~it would impose severe economic sanctions on North Korea~~]].

b. *Mary asked John for help, but [~CP~ for [~IP~ ~~Mary to ask John for help~~]] is quite strange.

（Merchant 2001:56）

由于以上涉及的标句词都不允许其补足语被语音删略，Lobeck（1995）提出，截省句中屈折词短语的语音删略必须满足允准（licensing）和等同条件（identification）。Lobeck 认为，当一个句法位置被词汇管辖时，那这个位置上的成分就不能出现空的屈折词短语。

(52) a. *Even though John doesn't believe [~IP~ e], Mary expected Lucy to be insane.

b. *John didn't expect Jim to win the match, but he wanted [~IP~ e].

c. *Kim appears to be stupid, and Lily also seems [~IP~ e].

（Lobeck 1995:46）

同时，Lobeck 提出空的屈折词短语必须受到标句词中心语的中心语管辖，该标句词中心语具有 [+WH] 特征，并且与标志语位置的特殊疑问词短语同标。然而，尽管以上两个条件都得到满足，但例（53b）和例（53d）仍不符合语感，原因是导致不符合语感是因为删略条件。换言之，具有轻声的重复信息必须与省略的位置相邻。

(53) a. John knows who Mary invited, but Bill doesn't.

b. ?? John knows who Mary invited, but Bill doesn't *know who*.[①]

c. John knows who Mary invited, but Bill doesn't *know who she invited*.

d. ?? John knows who Mary invited, but Bill doesn't *know who she did*.

（Merchant 2001:57）

---

① 句子前的疑问号"??"表示该句子怪异或不可接受。

此外，仅仅是标句词中心语与位于其标志语位置并具有 [+WH] 的特殊疑问词短语满足一致要求还不足以允准标句词中心语的补足语被语音删略。典型的例子是截省句不能出现在关系从句中。

（54）a. *Someone stole the wallet, but no one knows the person *who*.

b. *John bought an apartment, but his mother doesn't know the place *where*.

（Merchant 2001:59）

Lobeck 假设关系从句中的标句词不具有 [+WH] 特征，因此例（54a）和例（54b）不合语法的原因可以归结为允准删略的基本条件没有得到满足，因为标句词中心语具有 [-WH] 特征。该假设符合 Lobeck 的解释目的，并且允许她维护她的解释方案，即具有 [+WH] 特征的标句词能够允准其补足语的语音删略。然而，Rizzi（1990）指出，关系从句中的标句词可以具有 [+WH] 特征，并与显性的疑问关联句算子共现，也可以具有 [-WH] 特征，与空算子共现。鉴于此，我们需要识别出现在截省句中的标句词，并找出屈折词短语语音删略的允准条件。

Lobeck（1995）认为允准屈折词短语语音删略的条件是标句词具有 [+WH] 特征，Merchant（2001）不赞同 Lobeck 的观点，他认为截省句中的标句词具有三种特征，即 [+WH] 特征、[+Q] 特征和 E 特征。其中，E 特征允准屈折词短语的语音删略。需要注意的是，E 特征必须满足一定要求。在句法层面，E 特征具有不可解读的强 [+WH] 特征和 [+Q] 特征，因此 E 特征只能与具有合适特征，并能核查其不可解读特征的标句词共现或兼容。在语音层面，E 特征给语音式部门发出指令，要求语音式部门对标句词的补足语不做语法分析，因此屈折词短语在语音式层面被语音删略或得到空的语音拼读。在语义层面，E 特征确保被删略的成分满足平行条件（parallelism）或等同条件（identification）的要求。换言之，E 特征是命题的一个部分函数，充当补足语的屈折词短语必须是省略已知（e-given）或者必须满足省略的焦点条件。事实上，E 特征具有三项功能，这不仅极大地简化了省略理论，同时也符合最简句法的精神。此外，在截省句的内部结构中，特殊疑问词短语经历显性移位，从原位移位至 [Spec, CP]，目的是核查标句词所携带的强 [+WH] 特征；随后，位于标句词位置的 E 特征允准标句词的补足语在语音式层面被语音删略，从而生成只剩特殊疑问词短语的截省句。截省句的生成过程可以简要地描述为例（55）。

（55）a. John met someone yesterday, but we don't know *whom*.
　　　b. John met someone yesterday, but we don't know [$_{CP}$ *whom*$_i$ [$_{IP}$ ~~John met t$_i$~~]].
　　　（Merchant 2001:3）

在例（55）中，由于截省句出现在嵌入分句中，而嵌入分句的标句词具有弱特征，无法驱动相关成分发生移位，嵌入分句也不涉及屈折词至标句词的中心语移位。如果截省句也可以出现在主句中，那么我们需要回答的问题是截省句的特殊疑问词短语后是否可以跟随一个助动词。在特殊疑问句中，特殊疑问词短语从原位移位至 [Spec, CP]，目的是核查标句词所携带的强 [+WH] 特征，并且赋予句子疑问语力（Cheng 1991）。此外，助动词可以发生从屈折词至标句词的中心语移位。因此，特殊疑问句的句法生成可以简要地描述为以下例子。

（56）[$_{CP}$ What$_i$ has$_j$ [$_{IP}$ Mary t$_j$ bought t$_i$]]?（Merchant 2001:63）

当截省句出现在主句中时，我们需要回答助动词是否能够出现在截省句的特殊疑问词短语之后。如例（57a）所示，当特殊疑问词短语与助动词共现时，所生成的句法结构不合法。只有当特殊疑问词短语单独出现时，句子才合格，如例（57b）所示。

（57）a. —— Mary has bought something.
　　　　 —— Really? *What*（*has）?
　　　b. —— Mary has bought something.
　　　　 —— Really? *What*?（Merchant 2001:63）

Merchant（2001）提出了截省句 – 标句词短语域规则（Sluicing-COMP

generalization[①]），并认为只有那些与特殊疑问词短语密切相关的成分才能显性出现在截省句中。因此，无论截省句出现在嵌入分句中还是出现在主句中，任何与特殊疑问词短语无关的成分都不能出现在标句词短语域内。

本小节探讨了截省句的内部结构，并分析了屈折词短语被删略的允准条件。具体而言，标句词中心语包含三个特征，分别是 [+WH] 特征、[+Q] 特征和 E 特征。在句法层面，E 特征具有不可解读的强 [+WH] 特征和 [+Q] 特征，因此只能与具有相同特征的标句词中心语兼容，从而核查其不可解读特征。在语音层面，E 特征给语音部门发出指令，对充当补足语的屈折词短语不进行语法分析，即使其不具有任何语音内容。在语义层面，E 特征是命题的函数，只有当命题是删略已知或被删略时才能得到赋值并满足删略焦点条件。本小节还探讨了截省句 – 标句词短语域规则，该规则对有语音的成分进行了限制，要求与特殊疑问词短语无关的成分不能出现在标句词短语域内。

2.2.2 假截省句法

Merchant（2001）认为截省句由一个具有疑问意义的、完整的标句词短语派生而来，其中特殊疑问词短语发生了显性移位，充当标句词短语补足语的屈折词短语在语音式层面被语音删略（Barros 2014; Erteschik-Shir 1977; Rodrigues, Nevins and Vicente 2009; van Craenenbroeck 2010, 2012; Vicente 2008, etc.）。然而，有些语言学者对此观点提出质疑，认为类似例（58a）的句子并非由例（58b）派生而来，而是源自类似例（58c）的底层结构，该结构的主语"it"和系动词"is"被语音删略。

（58）a. Someone has just left, but we don't know *who*.
　　　b. Someone has just left, but we don't know [$_{CP}$ *who*$_i$ [$_{IP}$ ~~t$_i$ has just left~~]].
　　　c. Someone has just left, but we don't know *who* ~~it is~~.
　　　　（Barros 2014:3）

---

① 截省句 – 标句词短语域规则在截省句中，"非算子成分"（non-operator material）不能出现在标句词短语域内。"非算子"（non-operator）指的是非特殊疑问词短语，"成分"（material）指的是具有语音内容的成分，"标句词短语域"（COMP）指的是屈折词短语外被标句词短语支配的域。

2.2.2.1 支持假截省句法的观点

支持假截省句法观点的研究者进一步指出，英语中没有"真正的截省句"①（true sluicing），表面上看似"真正的截省句"其实是一个分裂句（cleft）。他们提供的第一点证据来自同形条件（isomorphism）或平行条件（parallelism）。换言之，屈折词短语的删略只有在与先行语小句等同的前提下才能得到允准，否则该删略的句法操作则不合法。如果同形条件是对句法结构的要求的话，那么语音式删略法则无法解释为什么在截省句中特殊疑问词短语后的语音序列不合法。

（59）Decorating the house is not difficult if you know *how*.

    a. *…how [decorating the house].

    b. …how [to decorate the house].（Merchant 2001:22）

（60）We remember meeting him, but we don't remember *where*.

    a. *…where [I remember meeting him].

    b. …where [I met him].（Merchant 2001:23）

Merchant（2001）也认识到结构同形条件的不足，因此他认为结构同形条件和语义条件都可以用来分析截省句。换言之，只要被删略的成分满足删略焦点条件，那该删略操作就是合法的，即上述观点是合理的，但该观点仍然无法为以下的例子提供合理的解释。

（61）Mary has a new boyfriend, but we don't know *who*.

    a. *…Mary has a new boyfriend, but we don't know *who* [she has].

    b. …Mary has a new boyfriend, but we don't know *who* [it is].

（62）John is cooking dinner or watching TV, but I don't know *which one*.

    a. *…*which one* [John is cooking dinner / watching TV].

    b. …*which one* [it is].（Barros 2014:7）

---

① "真正的截省句"指的是由移位和删略生成的结构，而假截省句由分裂句派生而来，其主语"it"和系动词"be"均被删略。

在例（61）和例（62）中，特殊疑问词短语之后的成分无论是在句法上，还是在语义上都无法与先行语小句保持同形。特殊疑问词短语之后是一个系动词句或分裂句。到目前为止，假截省句法似乎是合理的，因为该方法满足了经济条件，即句法推导不涉及无用的步骤，句法表征不包含多余的符号（Chomsky 1989）。该方法还避免了岛修复（island repair）问题，而该问题是语音式删略法需要解释的。

2.2.2.2　反对假截省句法的观点

如果假截省句法能够解释截省句的生成，那么我们需要回答的第一个问题就是：分裂句中的"that-"从句或预设句的删略或省略操作是否具有合法性。如例（63）所示，英语中确实存在该删略的操作。

（63）a. A: Who broke the window?

　　　　B: It was John [who broke the window[①]].

　　b. A: What did they buy?

　　　　B: It was a book and a magazine [that they bought].

　　c. A: Why is John late again?

　　　　B: It was because of his fever [that he was late again].

　　　　（Merchant 2001:117）

此外，在某些情况下，分裂句的预设部分一定不能出现在句中，否则该句会不合格，如例（64）所示。

（64）—— Who is that?

　　　—— It is John [* that is that]. (Merchant 2001:117)

即使将分裂句中的预设部分删略看上去是可行的，但由此产生的另一个问题是：分裂句的主语"it"和系动词"be"是否也可以被删略呢？如例（65）所示，删略掉分裂句的主语"it"和系动词"be"会导致生成的句子不合格。

---

① 方括号内的成分表示该部分可以具有空语音拼读或被省略，即使它们显性出现也不会对句子的合法性造成影响。

（65）a. —— Who broke the window?

　　　—— *[It was] John who broke the window.

　　b. —— What did they buy?

　　　—— *[It was] a book and a magazine that they bought.

　　c. —— Why is John late again?

　　　—— *[It was] because of his fever that he was late again.

　　（Merchant 2001:119）

分裂句中的主语和系动词通常是不允许被删略的，那么认为截省句的生成源自分裂句，其中分裂句的主语"it"、系动词"be"和预设部分被删略的观点似乎还不具有说服力。

此外，Merchant（2001）还提供了 8 点证据证明截省句与特殊疑问词短语作为焦点核心部分的分裂句是完全不同的结构。这些证据包括附加语和隐性主目语（adjuncts and implicit arguments），韵律（prosody），非话语连接型特殊疑问词短语（aggressively non-D-linked *wh*-phrases），提及 -some 修饰（mention-*some* modification），提及 -all 修饰（mention-*all* modification），else-修饰（*else*-modification），附带省略句（swiping）和左分支截省句（left-branch sluice）。

第一个证据来自附加语和隐性主目语。具体而言，以上两个成分都可以出现在截省句中，但它们都不能出现在分裂句的焦点核心位置，如例（66）所示。

（66）a. John has fixed the bike, but we don't know *how* [*it was].

　　b. Mary bought an apartment yesterday, but her mother still doesn't know *where* [*it was].

　　c. Jim wants to travel to Guangzhou, but we don't know *when* [*it is].

　　d. John served the guests, but no one knows what [*it was].

　　e. John was shouting, but we have no idea to *whom* [*it was].

　　（Merchant 2001:121）

第二个证据来自韵律。在截省句中，特殊疑问词短语通常具有重音，而在分裂句中,当特殊疑问词短语出现在焦点核心位置时,并非特殊疑问词短语具有重音,而是系动词"be"具有重音,如例(67)所示。

(67) a. John met someone yesterday, but we don't know [WHO[①] / who it WAS].

b. Someone broke the window last night, but we have no idea [WHO / who it WAS].

(Merchant 2001:121)

第三个证据来自非话语连接型特殊疑问词短语,如"the hell"和"on earth"。以上这些表达通常不能出现在截省句中,如例(68b)所示),但它们可以出现在分裂句中,如例(68c)所示。

(68) a. Someone stole my book last night, and how I wish I knew *who*.

b. *Someone stole my book last night, and how I wish I knew *who the hell*.

c. Someone stole my book last night, and how I wish I knew *who the hell it was*.

(Merchant 2001:122)

还有一些证据来自提及 -some 修饰、提及 -all 修饰和 else- 修饰。由于分裂句蕴含穷尽性(exhaustivity),像"for example"和"else"这样的修饰语是不能与作为焦点核心语的特殊疑问词短语共现的,如例(69b)和例(71b)所示,但这些表达是完全可以与截省句中的特殊疑问词短语共存,如例(69a)和例(71a)所示。此外,分裂句中作为焦点核心的特殊疑问词短语只能具有提及 -all 的语义解读,如例(71b)所示。

(69) a. We need to ask someone for advice, but we are not certain *who*, for example.

b. We need to ask someone for advice, but we are not certain *who* [*it is], for example.

---

① 大写的单词表明该单词在句子中具有最大的音高(重音)。

（70）a. Dozens of protestors have taken to the street, but we are not able to figure out *who* [*all].

b.Dozens of protestors have taken to the street, but we are not able to figure out *who all* *[it was].

（71）a. Someone has taken part in the marathon, but we don't know *who else*.

b. Someone has taken part in the marathon, but we don't know *who else* [*it was].

（Merchant 2001:123）

另一个证据来自附带省略句 ①(swiping)(Merchant 2001; Radford and Iwasaki 2015; Han and Wang 2016, etc.)。该结构可以出现在截省句中，但不能出现在分裂句的焦点核心位置。

（72）a. John bought a nice skirt, but we don't know *who for*.

b. They were arguing, but we have no idea *what about*.

c. *[*Who for*] was it that John bought a nice skirt?

d. *[*What about*] was it that they were arguing?

（Merchant 2001:124）

最后一个证据来自左分支截省句。截省句中的特殊疑问词短语可以不受左分支句法岛的影响，条件是该句法岛在语音式层面不具有拼读形式，如例（73a）所示，但出现在分裂句焦点核心位置的特殊疑问词短语会受到左分支句法岛的影响，如例（73b）所示。

（73）a. John has bought an old car, but we don't know *how old*$_i$ [~~he has bought an t$_i$ car~~].

b. *How old$_i$ was it that John has bought an t$_i$ car?

（Merchant 2001:127）

---

① 附带省略句是一个缩略语，全称为 Sluiced Wh-phrase Inversion with Prepositions in Northern Germanic.

基于以上的观察，Merchant 认为不能将截省句看作是假截省句，截省句与具有特殊疑问词短语充当焦点核心的分裂句是截然不同的结构。然而，van Craenenbroeck（2010）在研究了 Merchant（2001）提供的证据之后指出，Merchant 提出的一些理据与他自己对截省句的分析是一致的，也就是说 van Craenenbroeck 也认为截省句源自完整的、具有疑问意义的标句词短语，其中特殊疑问词短语发生显性移位，来到 [Spec, CP]，随后在语音式层面，标句词中心语的补足语，即屈折词短语，被语音删略。如果 Merchant（2001）的分析观点正确的话，那么我们可以得出这样一个结论，即所有的截省句都源自一个完整的特殊疑问句。然而，van Craenenbroeck（2010）进一步指出，Merchant（2001）所提供的支撑例证中至少有 5 项不符合他对截省句的分析，即非话语连接型特殊疑问词短语、提及 -all 修饰、else- 修饰、附带省略句和左分支截省句。

在非话语连接型特殊疑问词短语方面，截省句中不能出现类似"the hell"的表达，如例（74a）所示，但在分裂句和完整的特殊疑问句中，该表达却是可以接受的，如例（74b）和（74c）所示。

（74）a. *Someone stole my book last night, and how I wish I knew *who the hell*.

b. Someone stole my book last night, and how I wish I knew *who the hell it was*.

c. Someone stole my book last night, and how I wish I knew *who the hell stole my book last night*.（van Craenenbroeck 2010:3）

以上例子的差异表明表达"the hell"是完全能够出现在一个完整的特殊疑问句里的。如果截省句也源自一个完整的特殊疑问句，那么为什么表达"the hell"却不能出现在截省句内呢？

以上逻辑也适用于提及 -all 修饰。具体而言，修饰语"all"不能出现在截省句中，如例（75a）所示，但该修饰语在分裂句和完整的特殊疑问句中却是可以接受的，如例（75b）和（75c）所示。

（75）a. *Dozens of protestors have taken to the street, but we are not able to figure out *who all*.

b. Dozens of protestors have taken to the street, but we are not able to figure out *who all it was*.

c. Dozens of protestors have taken to the street, but we are not able to figure out *who all has taken to the street*.（van Craenenbroeck 2010:3）

然而，附带省略结构可以出现在截省句中，如例（76a）所示，却不能出现在分裂句和完整的特殊疑问句中，如例（76b）和例（76c）所示。我们需要回答的问题是：为什么一个基础结构是不合格的，然而基于该基础结构而生成的句子却变得合格了？

（76）a. John bought a nice skirt, but we don't know *who for*.

b. *John bought a nice skirt, but we don't know *who for it was*.

c. *John bought a nice skirt, but we don't know *who for he bought a nice skirt*.

（van Craenenbroeck 2010:4）

以上逻辑同时也适用于左分支截省句，该结构可以出现在截省句中，如例（77a）所示，但不能出现在分裂句和完整的特殊疑问句中，如例（77b）和例（77c）所示。

（77）a. John has bought an old car, but we don't know *how old*.

b. *John has bought an old car, but we don't know *how old it was*.

c. *John has bought an old car, but we don't know *how old he has bought a car*.

（van Craenenbroeck 2010:5）

因此，van Craenenbroeck 提出，尽管我们通常认为截省句的基础结构源自一个完整的特殊疑问句，但截省句的基础结构也有可能源自一个分裂句。换言之，截省句的基础结构可以以完整的特殊疑问句作为第一选择，而将分裂句作为最后的选择。该分析方法能够很好地解决单独使用语音式删略法或假截省句法所带来的问题，同时也使我们更好地理解了截省句的正确分析，对不具有语音形式的成分特征有了更清楚的认识。

2.2.3 逻辑式复制法

按照逻辑式复制法（LF copying approach）的观点（Chao 1987; Chung et al. 1995; Lobeck 1993, 1995, etc.），截省句中的特殊疑问词短语原位生成于 [Spec, CP]，不发生任何显性移位。此外，在截省句从底层结构至语音式的生成过程中，特殊疑问词短语线性序列后不存在任何基础结构。换言之，原位生成的特殊疑问词短语线性序列后是一个空的屈折词短语。然而，在逻辑式层面，我们采用 IP-循环、萌生和合并等机制来为截省句提供合理的疑问解读。IP-循环指的是将先行语小句中的话语可及的屈折词短语复制到特殊疑问词短语之后，萌生指的是在复制后的屈折词短语内创造一个句法位置，合并指的是将特殊疑问词短语与它的关联语同标（co-index）。因此，对截省句的分析就是为其提供一个具有疑问意义的解读。如果能够为截省句构建一个合理的逻辑表达式，那么截省句就是可解读的，并且具有与疑问句相同的语义解读；如果截省句是不可解读的，那么唯一的原因是不能为其构建一个合理的逻辑表达式。

（78）John saw someone, but we don't know *who*.

例（78）表达这样一个命题，即"存在一个变量 x，x 指代一个人，John 遇见了 x，但是我们不知道 John 遇见的那个人是谁"。按照逻辑式复制法的观点，话语可及的屈折词短语"John saw someone"经历了循环或被复制到特殊疑问词短语"who"的线性序列之后。从句法的角度看，原位生成于 [Spec, CP] 的特殊疑问词短语"who"约束屈折词短语内某个句法位置的成分。从语义的角度看，屈折词短语内的句法位置一定包含一个变量，该变量受到疑问算子的约束。最后，特殊疑问词短语决定句子的语义解读。

鉴于此，当先行语小句被复制到空的屈折词短语位置时，特殊疑问词短语"who"与小句中的变量"someone"同标并约束该变量，因此生成一个逻辑表达式，如例（79）所示。

（79）$\lambda p[(\exists x: person(x))[p=[see(John, x)]]]$

2 文献综述

按照 Berman（1991）的观点，特殊疑问句是一个三元量化结构。因此，例（79）的解读取决于三个因素，即疑问算子（interrogative operator）、核心域（nuclear scope）及限制从句（restrictive clause）。核心域提供 [see(John, x)] 的命题函数；限制从句为命题函数的域提供限制条件。换言之，x 只能指代某人，并且表述为 "∃x: person (x)"；疑问算子位于标句词短语的中心语位置，使解读成为一个命题集。由于可以建立合法的逻辑表达式，因此截省句是可以解读的，并具有完整特殊疑问句的语义解读。

到目前为止，关于截省句解读的上述讨论只涉及 IP 循环和合并两项操作。值得注意的是，萌生的操作对于截省句的解读同样具有重要作用，尤其是针对先行语小句中具有隐性附加语的截省句。

（80）Joan ate dinner, but I don't know *with whom*.（Chung *et al*. 1995:246）

在例（80）中，按照逻辑式复制法，介词短语 "with whom" 在线性序列上位于第二分句的谓语动词后，原位生成于 [Spec, CP]。随后，先行语小句 "Joan ate dinner" 被复制到空的屈折词短语位置。然而，在屈折词短语位于并不存在一个位置能够被介词短语 "with whom" 所约束。如果这样的位置不存在的话，就需要创造出一个位置。因此，我们可以采用萌生（sprouting）的操作在屈折词短语位置创造一个附加语位置。这样的话，介词短语 "with whom" 就能够约束屈折词短语的某个位置，并且获得恰当的解读，如例（81）所示。

（81）Joan ate dinner, but I don't know [CP [PP *with whom*] [IP Joan ate dinner [PP with someone]]].（Chung *et al*. 1995:247）

尽管萌生的操作能够在逻辑式层面创造出位置提供给不同的语类，从而使截省句获得解读，但萌生的操作不能任意进行，它必须得遵守某些限制。第一个限制是萌生的操作一定是能够创造出一个位置，位于该位置的成分一定能够受到居于 [Spec, CP] 的特殊疑问词短语的约束。例如，在例（81）中，需要创造出一个位置提供给介词短语而并非动词短语或名词短语。第二个限制是满足谓语动词的主目结构要求。换言之，不能随意地创造出一个位置提供给一个语类，必须满足先行语小句内的词汇成分的允准条件。

（82）a. *John ate lunch, but we don't know *who*.
　　　b. *John ate lunch, but we don't know [$_{CP}$ *who* [$_{IP}$ John ate lunch]].
　　　　（Chung *et al*. 1995:247）

在例（82）中，谓语动词"eat"的主目结构已经得到满足，该谓语动词要求两个主目语，分别由内主目语"lunch"和外主目语"John"充当，在循环的屈折词短语位置无法再为特殊疑问词短语"who"提供位置，因此该句不合法。

总之，逻辑式复制法认为截省句中的特殊疑问词短语不发生移位，而是原位生成于 [Spec, CP]，并约束循环屈折词短语内的某个变量，因此该方法能够避免语音式删略法遇到的问题。例如，特殊疑问词短语移出句法岛的问题。然而，即使逻辑式复制法能够为截省句的某些方面提供解释，并且能够避免语音式删略法所面临的一些问题，但它在某种程度上来说仍存在问题，因为该方法无法解释连接效应和介词滞留现象。其次，如果认为截省句只能在逻辑式层面得到解读，那么逻辑式复制法就切断了语音式和逻辑式之间的联系，而两者是拼读（spell-out）后密切相关的两部分。具体地说，拼读之后，送往语音式部门的是特殊疑问词短语之后的不具备语音内容的部分，而在逻辑式层面，为了能够给截省句提供合理的解读，先行语小句被复制到空的屈折词短语位置。显然，送往语音式的内容与送往逻辑式的内容是不一致的。然而，按照语音式删略法的观点，送往语音式和送往逻辑式的是相同的内容，即完整的、具有疑问意义的标句词短语。尽管逻辑式复制法存在不足，但它为截省句的分析提供了另一种分析途径，并且使我们对在逻辑式层面解读截省句有了更好的理解。

2.3　汉语截省句的解释方法

讨论完英语截省句的各种分析方法后，我们现在对汉语截省句进行句法分析。由于英语是特殊疑问词短语移位语言（wh-movement language），因此采用语音式删略法来分析英语截省句符合其特殊疑问词短语的属性。此外，由于截省句具有普遍性，其也可能存在于汉语中。然而，如果我们直接用分析英语截省句的方法来分析汉语截省句将会面临无法回避的问题，即汉语是特殊疑问词短语不移位语言（wh-in-situ language），我们需要回答的问题是如果截省句中特殊疑问词短语发生移位，那么移位的驱动是什么？我们可以坚持语音式删略法的观点，试图证明汉语截省句中的特殊疑问词短语也发生了移位，只不过移位的目的不是核查 [+WH] 特征而是核查其他特征；我们也可以提出另一个观点，认为汉语截省句区别于英语截省句，涉及不同的句法结构和生成机制。在接下来的部分，我们将综述汉语截省句的主流分析方法。

2.3.1 移位法

尽管汉语属于特殊疑问词短语非移位语言（Huang 1982），特殊疑问词短语在特殊疑问句中不发生显性移位，而是在逻辑式层面隐性移位至 [Spec, CP]。然而，特殊疑问词短语出于核查其他特征而不是 [+WH] 特征的目的也可以移位至句子的左缘位置。这就为采用移位法分析汉语截省句提供了可能。换言之，特殊疑问词短语可以出于焦点或话题的目的移位至句首位置。

鉴于此，现有的某些文献（Chiu 2007; Murphy 2014; Wang 2002; Wang and Wu 2006, etc.）认为，汉语截省句中的特殊疑问词短语经历了焦点移位（focus movement）。换言之，吸引特殊疑问词短语发生显性移位的并非 [+WH] 特征而是 [+Foc] 特征。此外，焦点短语（Focus Phrase / FocP）生成于标句词短语和屈折词短语之间，系动词"是"位于焦点短语的中心语位置并充当焦点标记。因此，典型截省句例（83a）由例（83b）生成。

（83）a. 小明遇到了一个人，但是我们不知道是谁。

　　　　Xiaoming met someone, but we don't know who.

　　b. 小明遇到了一个人，但是我们不知道 [$_{CP}$ 是 $_i$ [$_{FocP}$ 谁 $_j$ t$_i$ [~~小明遇到了 t$_j$~~]]].

　　　　Xiaoming met someone, but we don't know who.

　　（Wang and Wu 2006:376）

在例（83b）中，特殊疑问词短语"谁"受到焦点短语中心语的焦点特征的吸引移位至 [Spec, FocP]。随后，原位生成于焦点短语中心语的焦点标记"是"经历中心语移位，来到标句词短语的中心语位置，因此在线性序列上居于特殊疑问词短语"谁"之前。最后，焦点短语的补足语，即屈折词短语，在语音式层面被删略，从而生成合格的截省句。

通过观察，我们发现系动词"是"在充当主目语的特殊疑问词短语之前（例如"谁"和"什么"）必须出现，而在充当附加语的特殊疑问词短语之前（例如"什么时候""为什么""什么地方"）可以自由出现。Wang and Wu（2006）将系动词"是"在充当主目语的特殊疑问词短语前和充当附加语的特殊疑问词短语前不同的表现归结为格要求（case requirement）。换言之，系动词"是"在充当主目语的特殊疑问词短语前必须出现的原因是给特殊疑问词短语授格，而充当附加语的特殊疑问词短语由于不需要格，因此系动词"是"可以自由出现。

除了焦点移位法之外，Fu（2014）在制图理论框架下（Cinque 1999; Rizzi 1997）提出用话题移位法（topic movement account）来分析汉语截省句。Fu（2014）赞同焦点移位法的观点，认为汉语截省句中特殊疑问词短语发生了显性移位。然而，与焦点移位法不同的是，Fu 认为特殊疑问词短语的显性移位并非受到 [+WH] 特征驱动，而是受到位于话题短语中心语的 [+Constrast / Aboutness] 特征的吸引而产生移位。具体而言，充当主目语的复杂特殊疑问词短语，例如"哪个人""什么人""哪本书"和"什么礼物"，显性移位至 [Spec, TopP]，而充当附加语的特殊疑问词短语，例如"什么地方""什么时候""为什么"和"跟谁"，原位生成于 [Spec, TopP]。特殊疑问词短语发生显性移位后，话题短语的补足语，即焦点短语，在语音式层面被删略。因此，按照话题移位法的观点，典型截省句的生成过程如下所示：

（84）a. 小红买了一本书，但是我不知道哪本书。

　　　Xiaohong bought a book, but I don't know which book.

　　b. 小红买了一本书，但是我不知道 [$_{TopP}$ [哪本书]$_i$ [$_{FocP}$-[$_{IP}$小红买了 t$_i$]]].

　　　Xiaohong bought a book, but I don't know which book.

　　（Fu 2014:9）

（85）a. 小红去了广州，但是我们不知道什么时候。
Xiaohong has gone to Guangzhou, but we don't know when.
b. 小红去了广州，但是我们不知道 [TopP 什么时候 [FocP [IP 小红去了广州]]].
Xiaohong has gone to Guangzhou, but we don't know when.
（Fu 2014:12）

此外，Fu 认为简单的特殊疑问词短语，例如，"什么"和"谁"出现在假截省句中，该结构包含一个空代词"pro"，一个必须出现的系动词"是"和特殊疑问词短语。在典型截省句中，当特殊疑问词短语的关联语位于先行语小句中的句法岛内时，关联语必须显性出现，从而激活第二个分句中位于嵌入分句动词后的屈折词短语左缘结构的话题短语投射，并为从句法岛内移出的特殊疑问词短语提供落脚点。随后，焦点短语被语音删略，从而修复了违反句法岛的移位操作。

（86）a. 小明很喜欢那位推荐他读鲁迅小说的老师，但是我不知道为什么。
Xiaoming likes the teacher who recommended reading Luxun's novels very much, but I don't know why.
b. 小明很喜欢那位因为某种原因推荐他读鲁迅小说的老师，但是我不知道什么原因。
Xiaoming likes the teacher who recommended reading Luxun's novels for a certain reason very much, but I don't know what reason.
（Fu 2014:12）

例（86a）和（86b）都包含一个关系从句，该从句构成句法岛，是第二个分句中的特殊疑问词短语无法与位于句法岛内的成分关联，因此该两个例子均具有广域的语义解读（wide scope interpretation），如例（87）所示。

（87）……但是我不知道为什么小明很喜欢那位推荐他读鲁迅小说的老师。
…but I don't know why Xiaoming likes the teacher who recommended reading Luxun's novels very much.

尽管例（86a）和（86b）都具有广域的语义解读，但后者还可以具有窄域的语义解读，如例（88）所示。

（88）……但是我不知道为什么那位老师推荐他读鲁迅的小说。

…but I don't know why that teacher recommended reading Luxun's novels.

之所以例（86b）也可以具有窄域的语义解读是因为句法岛内有一个显性的关联语"某种原因"，该关联语激活了嵌入分句左缘结构的话题短语投射，并为特殊疑问词短语的移位提供"逃生舱"（escape hatch），尽管特殊疑问词短语的显性移位违反了关系从句岛限制。

此外，Fu（2014）采用Lü（1999）的观点，认为系动词"是"作为一个起强调作用的助动词，原位生成于语气词短语的中心语位置，其功能为强调说话者的判断并证明其真值条件。

2.3.2 分裂法和准分裂法

分裂句（cleft）或准分裂句（pseudo-cleft）是一种强调结构，尽管二者具有不同的结构，但它们通常都被用来强调句子焦点。在以上两种结构中，位于系动词"是"时候的成分被看作焦点，其余成分则充当前提内容。在分裂句中，系动词"是"除了不能出现在宾语之前外可以出现在任何位置，如例（89）所示。

（89）a. 是我昨天在学校打了他。

It is I who beat him at school yesterday.

b. 我是昨天在学校打了他。

It is yesterday that I beat him at school.

c. 我昨天是在学校打了他。

It is at school that I beat him yesterday.

d. 我昨天在学校是打了他。

I did beat him at shool yesterday.

d. *我昨天在学校打了是他。

　　It is him that I beat at school yesterday.（Huang 1988:47）

　　由于分裂句中有系动词"是"，因此该结构与截省句相似，因为后者中也具有系动词"是"。

（90）a. 是树枝我看见掉到屋顶。

　　　　It is tree branches that I saw dropping onto the roof.

　　b. 每个人都说张三爱上某人，但是没人知道是谁。

　　　　Everyone says that Zhangsan has fallen in love with someone, but no one knows who.（Kizu 1998:236）

　　例（90a）是一个分裂句，例（90b）是一个截省句，二者都要求系动词"是"出现。因此，Kawabara（1996）和 Kizu（1998）认为，汉语截省句由分裂句派生而来，该结构除了系动词"是"和特殊疑问词短语之外，其余成分皆被删略，从而生成合格的截省句。

　　然而，汉语截省句与分裂句结构仍然存在不少差异。第一，在分裂句中，主语可以被焦点强调，但宾语则不可以。而主语和宾语不一致现象在汉语截省句中却不存在，即特殊疑问词短语既可以充当主语也可以充当宾语，如例（91）所示。

（91）a. 某人在超市遇见了小明，但是我不知道是谁。

　　　　Someone met Xiaoming at the supermarket, but I don't know who.

　　b. 小红在超市买了一样东西，但是我不知道是什么。

　　　　Xiaohong bought something at the supermarket, but I don't know what.

　　按照分裂法的观点，例（91a）由例（92）派生而来，在该结构中，除了系动词"是"和特殊疑问词短语"谁"之外，其余成分皆被删略。

（92）某人在超市遇见了小明，我不知道是谁~~在超市遇见了小明~~。
　　　Someone met Xiaoming at the supermarket, but I don't know who.

在例（92）中，前提内容"在超市遇见了小明"包含旧信息，可以在语音式层面被删略，从而生成合格的截省句例（91a）。然而，例（91b）的生成过程与例（91a）不同，原因在于宾语在分裂句中不能被焦点强调。如果要强调宾语的话，只能使用准分裂句。

（93）小红在超市买了一样东西，但是我不知道~~小红在超市买的是什么~~。
　　　Xiaohong bought something at the supermarket, but I don't know what.

按照 Merchant（2001），只有当先行语小句与被删略的成分满足句法或语义平行条件（parallelism）时，删略的句法操作才能够得到允准。在例（93）中，先行语小句是屈折词短语"小红在超市买了一样东西"，但被删略的成分是一个名词短语，该名词短语被其后的关系从句所修饰。显然，平行条件并没有得到遵守，因此删略的句法操作没有得到允准。

第二，当特殊疑问词短语是附加语时，情况会更复杂。按照分裂法的观点，例（94a）由例（94b）生成，后者结构中除了成分"是什么时候"之外，其两端的所有成分均被删略。

（94）a. 小明碰见了小红，但我们不知道（是）什么时候。
　　　　Xiaoming has met Xiaohong, but we don't know when.
　　　b. 小明碰见了小红，但是我们不知道~~小明~~是什么时候~~碰见了小红~~。
　　　　Xiaoming has met Xiaohong, but we don't know when it is.

然而，大多数语言学家（Jayaseelan 1990; Lasnik 1999; Merchant 2004）认为只有连续的成分才能够被删略，而例（94b）中被删略的部分并非一个连续的成分，因此是不能被删略的。此外，按照 Ince（2012）的观点，没有任何关于删略的理论能够解释为什么一个序列的某个中间部分得以保留并获得语音拼读，而位于其两端的成分则被删略。因此，分裂法无法为包含附加语特殊疑问词短语的截省句提供合理的解释。

第三，由于系动词"是"在分裂句中必须出现，分裂法无法解释为什么在截省句中系动词"是"在充当主目语的简单特殊疑问词短语前必须出现，而在充当附加语的特殊疑问词短语前则可以自由出现。

总之，尽管分裂法没有能够为汉语截省句的生成机制提供合理的解释，但分裂法通过对比，不仅分析了分裂句和截省句的共性和差异，深化了对系动词"是"在两种结构中句法表现的理解，同时也呈现了如何在汉语中给成分作焦点标记。

2.3.3 假截省句法

按照假截省句法的观点（Adams 2004; Adams and Satoshi 2012; Li and Wei 2014; Wei 2004, 2017），汉语中不存在真正的截省句，表面上看类似截省句的结构其实是假截省句，后者是一个简单结构，包括一个空代词"pro"，系动词"是"和特殊疑问词短语。系动词"是"的隐现规律取决于其后的特殊疑问词短语的性质。换言之，如果特殊疑问词短语不能充当谓语，系动词"是"必须出现，目的是帮助其后的特殊疑问词短语实现谓语化。而当特殊疑问词短语能够充当谓语时，系动词"是"可以自由出现。当"是"显性出现时，其功能是充当助动词，强调其后的特殊疑问词短语。

由于汉语是允许主语脱落的语言（pro-drop）（Huang 1984, 1989），汉语截省句并非特殊疑问句而是一个简单的系动词结构（Nishiyama 1995; Nishiyama, Whitman and Yi 1996; Sohn 2000），假截省句法认为汉语中的假截省句也存在空代词主语。尽管该主语并非显性出现，但其可以将先行语和特殊疑问词短语联系起来。具体而言，空代词主语呈现出两种变现形式：名词性空代词和事件性空代词。前者与充当主语的特殊疑问词短语相关联，受到广义控制规则（Generalized Control Rule）（Huang 1984, 1989）限制，并在显性句法得到解释。先行语小句充当话题成分，句子第二部分充当述题。空代词主语指代话题中的名词性成分。后者与充当附加语的特殊疑问词短语相关联，在逻辑式层面获得解读。事件性空代词与特殊疑问词短语的关系涉及修饰关系、系动词"是"、介词和形容词谓语关系。

（95）a. 张三买了一些东西，但是我不知道（pro）是什么。

Zhangsan bought something, but I don't know what.
b. 张三决定要休学，但是我不知道（pro）（是）为什么。
Zhangsan decided to leave school, but I don't know why.
（Wei 2004:165）

在例（95a）中，由于充当主目语的简单特殊疑问词短语"什么"不能充当谓语，因此系动词"是"必须出现，从而充当辨别性动词。由于空代词主语与先行语小句中的名词性成分"一样东西"相关联，而且先行语小句充当话题成分，因此由空代词、系动词"是"和特殊疑问词短语"什么"构成的述题成分就被解读为"那个东西是什么"。同理，在例（95b）中，由于充当附加语的特殊疑问词短语"为什么"能够充当谓语，因此系动词"是"可以自由出现。如果其显性出现，则充当强调助动词，修饰其后的特殊疑问词短语。

值得注意的是，上述的两类空代词主语具有不同的表现，因为名词性空代词主语与先行语小句中的名词性成分相关联，并且在显性句法得到解释；而事件性空代词主语与先行语小句中谓语动词的语义函数相关联，并且在逻辑式层面获得解读。

除此之外，按照假截省句法，汉语截省句的分析不涉及句法岛效应。由于特殊疑问词短语不涉及任何移位，因此即使先行语小句中存在句法岛也不会出现任何违反句法岛限制的情况。而且假截省句的核心结构由空代词主语、系动词"是"和特殊疑问词短语构成，句子第一部分和第二部分也不存在平行结构，重要的是先行语、空代词主语和特殊疑问词短语三者之间的关系。

（96）a. 有人来帮忙比较好，但是我不知道（pro）是谁。
That there is someone coming to help is better, but I don't know who.
b. 张三昨天遇到给李四一些东西的女孩儿，但是我不知道（pro）（是）什么东西。
Zhangsan met the girl who gave Lisi something, but I don't know what thing.
c. 小明买了一辆车，但是我不知道（pro）（是）多贵。
Xiaoming bought a car, but I don't know how expensive.
（Wei 2004:190）

例(96a)包含主语从句句法岛,例(96b)包含关系从句句法岛,例(96c)包含左分支限制。由于假截省句的核心结构由空代词主语、系动词"是"和特殊疑问词短语构成,核心结构不包含任何句法岛,特殊疑问词短语不发生任何显性移位,因此三个例子的合法性不受句法岛的任何影响。

2.3.4 逻辑式复制法

Liu(2006)在分析语音式删略法不足之处的基础上,提出汉语截省句应该用逻辑式复制法来进行解释。具体而言,在汉语截省句中,特殊疑问词短语位于谓语动词之后,原位生成于[Spec, CP],其后还存在一个具有空语音形式的屈折词短语。在逻辑式层面,采用屈折词短语循环、萌生和合并等操作来重构具有空语音形式的屈折词短语并为截省句提供合理的解读。

需要指出的是,逻辑式复制法在某种程度上建立在Chung et al.(1995)提出的屈折词短语循环操作基础上,因此要解释汉语截省句则只需为标句词短语提供一个具有特殊疑问句语义内容。Liu(2006)在Berman(1991)的基础上提出一个完整的特殊疑问句是一个三分结构,包含三个部分,即疑问算子、核心域和限制小句。Liu将汉语截省句分为两类,一类包含显性关联语,另一类包含隐性关联语。对于包含显性关联语的截省句,需要采用屈折词短语循环和合并的操作,而对于包含隐性关联语的截省句,除了需要采用屈折词短语循环和合并的操作之外,还需要采用萌生的操作。

(97)a. 张三刚离开,但我不知道跟谁。
　　　Zhangsan just left, but I don't know with whom.
　　b. 张三跟一个人刚离开,但是我不知道跟谁。
　　　Zhangsan just left with a person, but I don't know with whom.
　　(Liu 2006:100)

为了给例(97a)在逻辑式层面提供合理的解释,先行语小句"张三刚离开"被复制到具有空语音形式的屈折词短语位置,从而生成标句词短语"张三跟谁刚离开"。此外,为了获得三分结构,特殊疑问词短语需要约束循环屈折词短语内的某个变量。如果该变量不存在的话,则需要创造或萌生一个变量。由于谓语动词"离开"只要求一个主目语，因此需要萌生的变量只能是一个充当附加语的介词短语。当在循环的屈折词短语内萌生出介词短语"跟一个人"后，标句词短语就构成了一个三分结构，其中疑问算子位于标句词短语的中心语位置，循环的屈折词短语"张三跟一个人刚离开"充当核心域，介词短语"跟谁"充当限制小句。由于能够为例（97a）创造出一个三分结构，因此例（97a）在逻辑式层面就能够获得解读。

由于例（97b）包含显性的关联语，因此需要做的是直接将先行语小句复制到具有空语音形式的屈折词短语位置，从而在逻辑式层面生成标句词短语"张三跟一个人刚离开"。无定名词"一个人"是一个变量，受到疑问算子的约束，其语义解读由特殊疑问词短语和关联语决定。只要特殊疑问词短语与关联语不发生语义冲突，就能够为截省句在逻辑式层面提供合理的解释。

逻辑式复制法试图为截省句提供具有疑问语义的解读。如果能够建构一个合法的逻辑式，截省句就能得到与特殊疑问句相同的语义解读；如果截省句无法在逻辑式层面得到解读，原因则是无法在逻辑式为其构建合法的逻辑式。逻辑式复制法的唯一目的是为截省句在逻辑式层面提供合理的解释，该方法不可避免地忽略了截省句的一些句法特征，同时也没有为截省句中的句法岛现象提供解释。

2.4 总　结

本章节探讨了英汉截省句的各种分析方法。非结构法认为英语截省句的特殊疑问词短语之后没有任何结构，特殊疑问词短语是一个孤立成分，充当嵌入分句谓语动词的补足语。因此，特殊疑问词短语通过直接解读法（van Riemsdijk 1978）或者间接允准机制（Culicover and Jackendoff 2005）获得解释。结构法认为截省句的特殊疑问词短语之后存在内部结构。具体而言，语音式删略法认为截省句的外部结构是一个完整的标句词短语，其内部结构包含在语音式层面特殊疑问词短语的显性移位和充当补足语的屈折词短语的删略。逻辑式复制法提出截省句中的特殊疑问词短语之后存在一个空位置，只需通过屈折词短语循环、合并和萌生的操作为截省句在逻辑式层面提供合理的解释。

2 文献综述

在汉语截省句的分析中，结构法认为特殊疑问词短语在显性句法经历了焦点移位或话题移位，相关的补足语成分在语音式层面被删略。分裂法提出汉语截省句来自分裂句，后者的前提部分被删略，从而生成只剩系动词"是"和特殊疑问词短语的结构。假截省句法指出汉语不存在真正的截省句，表面上看似截省句的结构实际上是假截省句，其结构由空代词主语，系动词"是"和特殊疑问词短语构成。系动词"是"的隐现规律由特殊疑问词短语的谓语属性决定。空代词可以分为两类：名词性空代词和事件性空代词，前者收到先行语小句中无定名词的控制，后者指代先行语小句中谓语动词的一个语义函数。逻辑式复制法试图在逻辑式层面通过屈折词短语循环、合并和萌生的操作为截省句提供类似特殊疑问句的语义解读。

上述对汉语截省句的分析方法呈现了截省句的某些重要特征和所受到的限制，具有很好的启示作用，但上述分析方法在某种层面上未能为截省句提供全面的、合理的解释，有的甚至在分析截省句的过程中遇到了新的问题。具体而言，上述分析方法探讨了系动词"是"的特征和分布，但就系动词"是"的具体表现未能达成一致。"是"到底是应该分析为焦点标记、授格成分、辨别性动词还是具有强调意义的助动词？此外，上述分析方法详细探讨了汉语截省句的特征，但就典型截省句与假截省句的区分标准未得到统一的解释。移位法认为特殊疑问词在焦点特征或话题特征的吸引下发生显性移位。然而，特殊疑问词短语移位的动机和系动词"是"的隐现规律还没有得到很好的解释。移位法还分析了截省句所涉及的句法岛现象，但该分析还有待进一步完善。移位法认为相关成分在语音式层面被删略，但删略允准条件还需要更加详细的探讨。假截省句法符合汉语是特殊疑问词短语不移位的语言类型特征，然而该分析法未能为主目语和附加语不一致现象提供合理的解释，前者在显性句法得到解释而后者则在逻辑式层面获得解释。此外，该不一致现象也不符合最简方案的精神（Chomsky 1993, 1995）。因此，我们需要认真分析上述分析方法的不足并结合其优势对汉语截省句进行更加充分的观察，并在此基础上为汉语截省句的句法分布、句法功能和生成机制提供更合理的解释。

3 分析背景和理论框架

本章节将探讨与汉语截省句分析密切相关的理论假设。首先，介绍省略概念，包括省略的背景知识、相关句法限制及省略的主要分析观点。同时，聚焦省略的焦点条件（Focus Condition on Ellipsis）及其相关应用。其次，本章节将分析话题和焦点的相关句法研究。最后，介绍截省—焦点假设，该假设以截省—语气词中心语条件（Sluicing-COMP Condition）和额外删略假设（An 2016）为基础，对于分析汉语截省句的删略操作起着至关重要的作用。

3.1 省略的概念

在自然语言中，当一个短语序列在之前的语境中已经出现过，那该序列在后续的结构中可以不用重复，而是被语音省略。省略是一种普遍现象，可以在不同语言中找到不同的表现形式。本章节不会探讨所有形式的省略现象，而是将聚焦截省句现象，该句法现象通常被认为是一种屈折词短语省略（IP-ellipsis）。在分析截省句之前，我们将先探讨省略的背景知识。

Chomsky（1995）认为语言是一个优化设计的完美系统，由自然语言语法生成的句子结构与思维的其他部门对接，尤其与言语和思想系统相对接。首先，我们探讨语法的内部结构，从而更具体地阐述以上观点。语法中有一个部门叫做"词库"，该部门就像一本词典，包含语言中的词条和它们的特征。我们需要从"词库"中提取词条生成句子。从"词库"中提取的词条经过一系列的句法运算生成一个句法结构，该句法结构分别被送往语义部门和语音部门。语义部门将句法结构转换为一个语义表达，该语义表达与思想系统关联；语音部门将句法结构转换为一个语音表达，该语音表达与话语系统关联。至关重要的是，被送往思想系统的语义表达只能包含具有语义内容的成分，被送往言语系统的语音表达只能包含具有语音内容的成分。换言之,合法的、完整的句法结构是一个语义和语音的结合体。

需要指出的是,语言是人们进行交流的重要工具,一个特定的语音通常能够表达一个特定的语义。

(1) 小明给了小红一本书。
　　　Xiaoming gave Xiaohong a book.

例(1)是一个合格的句子,并且具有特定的语义解读。在语义方面,该句表达一个事件,涉及三个对象,分别是"小明""小红"和"一本书",以及谓语动词"给",该谓语动词将三个对象通过语义进行连接。从题元角色的角度看,主语"小明"承担施事的题元角色,间接宾语"小红"及直接宾语"一本书"分别承担受益者和述题的题元角色。从主目结构角度看,谓语动词"给"是一个三元谓词,要求有三个主目语。按照题元准则(Theta Criterion)的观点,例(1)中的每一个主目语都承担了合适的题元角色,每个题元角色都指派给了谓语动词的主目语。在句法方面,例(1)是一个合格的句子;在语义方面,例(1)具有特定的语义解读;在语音方面,例(1)具有特定的语音表达式。总的来说,例(1)是一个语音和语义相结合的句法结构。

然而,自然语言中也存在语音和语义不匹配的情况。Li (2005) 指出,不匹配情况有两种表现形式:一是有语音形式但没有语义内容,二是有语义内容但没有语音形式。在第一种情况下,英汉语都存在表达式不具有语义内容的现象。例如,英语中的助动词"do"的语法作用通常是将主语与谓语动词关联起来,因此不具有具体的语义内容,只有当助动词"do"被用到特定的语境中才具有表达强调的意义。同理,在汉语中,体标记"了"、助词"的"及等同动词"是"都不具有具体的语义内容。尽管以上表达不具有特定的语义内容,但它们却扮演重要的语法功能。此外,在有些情况下,语义内容可以从不具有语音内容的成分中推导出来。

(2) 睡了。
　　　X[①] has already gone to sleep.

---

① X 指代谓语动词"睡"所描述的施事对象。

例（2）表达一个事件，指的是某人已经睡觉了，尽管已经睡觉的施事并没有明确表达出来。由于汉语是允许代词脱落的语言（Huang 1984, 1989），句子的主语在给定语境下是允许主语省略的，主语的语义能够通过谓语动词的主目结构推导出来。在例（2）中，谓语动词"睡"是一个一元谓词，要求一个主目语。在恰当的语境下，说话者和听话者都知道"睡"的施事是谁，尽管该施事不具有语音形式。此外，在大多数情况下，不具有语音形式的表达能够通过上下文得到复原。

（3）a. John met someone yesterday, but I don't know [*CP who*].
　　b. John met someone yesterday, but I don't know [*CP who* [IP ~~John met yesterday~~]].

例（3）第二部分的特殊疑问词短语"who"之后通常被认为包含一个屈折词短语的语义解读，即"John met yesterday"。尽管该屈折词短语不具有语音形式，但我们可以通过例（3）的第一部分将该屈折词短语复原。换言之，不具有语音形式的部分与第一部分在句法或语义层面等同。第一部分通常被称为第二部分的先行语小句。在语音式层面，屈折词短语得到允准可以被删略，从而不具有任何语音形式，但具有特定的语义内容。以上的句法现象被称为省略。

本小节探讨了省略的基本概念。在自然语言中，我们会发现在很多以下情况，既有的成分虽然不具有语音形式但具有具体的语义内容，而有的成分虽然具有语音形式但却不具有具体的语义内容。对于不具有语音形式但具有语义内容的成分，我们需要回答该成分是否真正存在？如果存在，那么我们能提供哪些理论依据来解释该现象。因此，在下一小节，我们将聚焦省略的理论基础。

3.1.1　省略的理论基础

本小节将探讨省略的理论基础，主要涉及决定成分是否存在的研究方法和观点。一个普遍存在的观点是谓语动词在决定句子语义方面扮演重要作用。除了谓语动词之外，其他语类，如副词、介词、连词和助动词，在句子的生成和语义解读方面也起着至关重要的作用。从生成语法的角度来看，语类可以分为两种：一种是词汇语类，另一种是功能语类。前者主要包含实义词，后者不具有具体的语义内容，主要具有语法功能。由于短语是中心语的最大投射，中心语的固有特征语类选择合适的补足语。因此，我们可以通过某个语类的语类再分要求来判断是否真正存在不具有语音形式，但具有语义内容的成分。也就是说，语类再分要求必须得到满足才能确保生成合格的句子。

（4）John will vote for Mary, but Lily won't.

例（4）是一个合格的句子，这意味着每一个语类的语类再分要求都得到了满足。对于助动词"will"来说，其语类选择一个动词短语。"will"的语类选择要求在句子的第一部分得到了满足，因为动词短语"vote for Mary"充当助动词"will"的补足语。然而，句子的第二部分中，助动词"will"同样选择动词短语作为补足语，但问题是其后没有动词短语。由于句子的第一部分可以充当第二部分的先行语小句，第二部分的动词短语可以在与第一部分动词短语等同的条件下进行复原。因此，没有语音形式的成分是动词短语补足语"vote for Mary"，该成分在语音式层面被允准删略。

同理，语类再分也可以用来确定汉语中不具有语音形式的宾语。

（5）小明读过这本书，但小红没有读过。
　　Xiaoming has read this book, but Xiaohong hasn't read it.

在例（5）中，谓语动词"读"选择名词短语作为补足语，该选择限制在句子的第一部分里得到了满足，即名词短语"这本书"充当谓语动词"读"的补足语。然而，在句子的第二部分里，谓语动词"读"同样选择名词短语作为补足语，但其补足语没有任何语音形式。由于句子的第一部分可以充当第二部分的先行语小句，后者应该具有与前者相似的句法结构。因此，不具有语音形式的名词短语补足语能够通过先行语小句中的动词短语得到复原。

除了语类再分要求之外，我们还可以通过某些语类的主目结构来判断无语音形式的成分是否存在。例如，在例（5）中，谓语动词"读"是一个二元谓词，要求两个主目语，从而满足主目结构的要求。在句子的第一部分中，名词短语"这本书"作为内主目语，承担述题的题元角色。名词短语"小明"作为外主目语，承担施事的题元角色。因此，第一部分中谓语动词"读"的主目结构得到了满足。在第二部分中，谓语动词"读"同样要求两个主目语。名词短语"小红"作为外主目语，但没有任何成分充当内主目语。由于谓语动词的主目结构没有得到满足，必须还有一个成分充当谓语动词的内主目语，从而使生成的句子合格。因此，在句子第一部分与第二部分具有等同结构的基础上，谓语动词后一定存在一个成分，尽管该成分在语音式层面不具有语音形式或在语音式层面被删略。

此外，省略现象还可以分为多个类型。例如，Hankamer and Sag（1976）探讨了省略的照应过程，并根据删略部分与先行语小句之间的照应关系将其分为深层照应和浅层照应。前者指删略部分的先行语小句不仅可以通过转换过程，也可以通过语境获得；后者指照应关系只能通过转换过程获得。Chao（1987）区分了有中心语的省略结构和没有中心语的省略结构。前者包括名词短语省略（NP ellipsis）、动词短语省略（VP ellipsis）、截省句等，后者包括空缺句（gapping）和剥离句。Lobeck（1995）从允准和识别两方面分析了省略现象，认为省略的允准由具有强一致特征的中心语决定。限定词短语的中心语、屈折词短语的中心语及标句词短语的中心语都能够分别允准名词短语，动词短语和屈折词短语的省略，因为以上这些中心语都具有强一致特征。

本小节探讨了省略的理论基础。具体而言，我们可以通过某些语类的语类再分限制或语类的主目结构来判断是否存在不具有语音形式的成分，同时也描述了省略的分类和允准条件。然而，需要指出的是省略是一种跨语言现象，涉及非常复杂的解释理论。省略位置的内部结构也具有多样性，可以是名词短语省略、动词短语省略或屈折词短语省略。而且有的句子可能涉及多种短语类型的省略，例如在片段句中，可能同时出现名词短语和动词短语的省略。此外，我们通常总能在先行语小句中找到显性的关联语，但在某些情况下，我们无法找到显性的关联语，使只具有语音形式成分的解读变得更加复杂。本书不会详细探讨省略现象的各个方面，只是简要描述省略的理论基础，从而深化对省略现象的理解。在下一小节，我们将探讨省略需要遵循的规则及方法。

3.1.2 省略的限制条件

尽管有的语言存在省略现象，而有的语言不存在，但省略确实是一种跨语言现象。例如，英汉两种语言中都存在动词短语省略，而且该省略现象也受到了广泛的关注和研究，但剥离句或空主目语省略现象只存在于英语中，而汉语中并不存在。诚然，省略现象无法在不同语言中得到统一的解释，因为省略现象受到不同语言差异的影响。省略现象也不能通过随意或主观臆断来进行研究。因此，在处理省略现象时，我们需要遵循一些普遍存在的规则。

第一条规则是复原条件（recoverability condition）。具体而言，省略成分的句法结构和语义内容是能够复原的。如果省略成分能够复原，那么删略的操作则是合法的。如果省略成分不能复原，那么删略的操作则不合格，原因可能是因为删略成分没有得到合适的中心语允准，或者因为该成分并非是适合删略的成分。

（6）小明会参加明天的运动会，小红也会。
Xiaoming will take part in tomorrow's sports meeting, and Xiaohong will, too.

按照语类再分限制，助动词"会"语类选择动词短语或形容词短语充当补足语。然而，在例（6）的第二部分中，助动词后没有相关成分。此外，副词"也"的语义特征表明之前语境关于某个人的描述同样适用于被"也"修饰的另一个人。换言之，句子第二部分中关于某个人的描述与第一部分中关于某个人的描述一致。由于第一部分能够充当第二部分的先行语小句，省略成分能够通过句法或语义进行复原，即句子第二部分被省略的成分是一个动词短语"参加明天的运动会"。当我们将被省略的动词短语进行复原时，所得到的句子仍然合格。因此，该句所涉及的删略操作是合法的。

然而，如果某个成分无法进行复原，那么删略该成分可能不是一个理想的操作。

（7）*John will attend the syntax class, and Mary will [~~$_{VP}$ atttend the semantics class~~].

例（7）是一个不合格的句子，但句子不合格并不是因为助动词"会"的语类再分限制没有得到满足。相反，该限制通过动词短语"参加语义学课程"的显性出现得到满足。然而，如果我们假设被删略的成分是动词短语"参加语义学课程"，那么我们将无法在之前的语境中通过句法或语义对该成分进行复原，因为句子的第一部分无法充当省略部分的先行语小句。因此，动词短语"参加语义学课程"的删略操作在语音式层面没有得到允准，从而导致生成的句子不合格。

第二条规则是等同条件，指的是省略成分需要与先行语小句在句法结构或语义内容方面一致。句法等同指的是省略成分应与其先行语小句具有相同的句法结构；语义等同指的是省略成分应与其先行语小句具有相同的语义内容。

（8）Jack bought something, but I don't know [$_{CP}$ *what*$_i$ [$_{IP}$ ~~Jack bought t$_i$~~]].
（Merchant 2006:1）

例（8）是典型的英语截省句，涉及特殊疑问词短语的显性移位和相关成分在语音式层面的删略。如果我们假设特殊疑问词短语之后存在一个屈折词短语，该屈折词短语在语音式层面被语音删略的话，那么被删略的屈折词短语应该与其先行语小句具有相同的句法结构。显然，例（8）既满足了句法等同条件同时也满足了语义等同条件，因为句子的第一部分能够作为被删略成分的先行语小句。因此，屈折词短语的删略操作是得到允准的，所生成的截省句也自然是合格的。

然而，需要指出的是，仅仅建立在句法等同基础上的删略操作可能会遇到一些问题。

（9）a. Painting the house is not difficult if we know how [*~~painting the house~~ / to paint the house].

b. John remembers meeting Mary, but he just can't remember when [*~~meeting Mary~~ / he met Mary].

（Merchant 2001:23）

按照等同条件，例（9a）和例（9b）中将被删略的成分应该分别与它们的先行语小句具有相同的句法结构。因此，例（9a）中将被删略的成分应该是"painting the house"，例（9b）中将被删略的成分应该为"meeting Mary"。然而，删略以上成分会导致生成的句子不合格。建立在句法等同基础上的删略会导致生成的句子不合格，可以采用语义等同来解决问题。事实上，例（9a）中的不定式短语和先行语小句，以及例（9b）中的时态分句与先行语小句之间存在紧密关联，而不是动名词短语。尽管被删略成分与其先行语小句违反了句法等同条件，但所生成的结构确实合格的。因此，省略现象不能仅仅依靠句法等同条件提供解释。在一些情况下，我们可以采用语义等同条件或者句法和语义等同条件的结合来解释省略现象。

第三条规则是允准条件，指的是被删略的成分必须得到合适的功能中心语的允准。Lobeck（1995）认为，只有具有强特征的中心语才能够允准其补足语的省略。具有强特征的中心语指的是该中心语与另一成分在显性形态上体现出一致关系。例如，标句词短语中心语能够允准其补足语的省略，原因在于该中心语包含 [+WH, +Q] 强特征，该强特征要求位于标句词短语标志语位置的成分也具有 [+WH] 强特征，从而实现 [+WH] 特征的核查，满足标志语—中心语一致关系。

（10）a. Mary knows someone is speaking tonight, but she is not sure who.
　　　b. Mary knows someone is speaking tonight, but she is not sure [$_{CP}$ who$_i$ [$_{IP}$ t$_i$ is speaking tonight]].
　　　（Lobeck 1995:45）

例（10）是典型的英语截省句，涉及特殊疑问词短语的显性移位和屈折词短语在语音式层面的删略。按照语音式删略法，例（10a）由例（10b）派生而来，其中特殊疑问词"who"显性移位至 [Spec, CP]。由于特殊疑问词短语携带 [+WH] 强特征，它能通过标志语—中心语一致关系核查标句词短语中心语所携带的特征，从而使标句词短语的中心语也具有强特征。因此，标句词短语的中心语能够在语音式层面允准其补足语屈折词短语的删略。然而，标句词"that""if"和"for"却不能允准其补足语的删略。

(11) a. *Even though John was uncertain [CP that [IP someone authoritative is giving a lecture tonight]], he wondered if someone authoritative is giving a lecture tonight.

b. * Although it is not clear [CP if [IP John made it to pass the exam]], Mary believes that John made it to pass the exam.

c. *John is expecting that someone would come to the rescue, although we don't know [CP if [IP someone would come to the rescue]].

d. *The boss asked John to resign, but [CP for [IP the boss to ask John to resign] is quite out of the expectation.

(Lobeck 1995:56)

(12) a. Even though John was uncertain [CP who$_i$ [IP t$_i$ is giving a lecture tonight]], he wondered if someone authoritative is giving a lecture tonight.

b. Although it is not clear [CP how [IP John made it to pass the exam]], Mary believes that John made it to pass the exam.

c. John is expecting that someone would come to the rescue, although we don't know [CP who$_i$ [IP t$_i$ would come to the rescue]].

d. The boss asked John to resign, but [CP why [IP the boss asked John to resign] is quite out of the expectation.

例（11）与例（12）构成鲜明对比，前者不合法而后者合法。按照 Lobeck 的观点，只有当标句词中心语具有强特征时才能允准其补足语的删略。换言之，标句词短语的中心语必须携带 [+WH, +Q] 特征，并通过标志语—中心语一致关系与位于其标志语位置的特殊疑问词短语进行特征核查。在例（11）中，所有的标句词短语的中心语都不具有强特征，原因在于它们都携带 [-WH] 特征。因此，例（11）中的标句词短语的中心语都不能允准其补足语的删略。在例（12）中，所有的标句词短语的中心语都携带 [+WH, +Q] 特征，并且通过标志语—中心语一致关系与位于其标志语位置的特殊疑问词短语核查 [+WH] 强特征，从而使标句词短语的中心语成为强中心语并能够允准其补足语的删略。

除了具有强特征的标志语短语的中心语能够允准其补足语被删略外，具

有 [+Tense, +AGR] 特征的屈折词短语的中心语 INFL 也能够允准其中心语的删略。

（13）a. John likes this shirt, and Jim does too.
　　　b. John likes this shirt, and Jim does [~~VP like this shirt~~] too.
（14）a. 小明会去广州，小红也会。
　　　　Xiaoming will go to Guangzhou, and Xiaohong will too.
　　　b. 小明会去广州，小红也会 [~~VP 去广州~~]。
　　　　Xiaoming will go to Guangzhou, and Xiaohong will too.

英汉语中都存在动词短语省略（VP ellipsis）。如例（13）和例（14）所示，动词短语省略受到屈折词短语中心语的允准，后者携带 [+Tense, +AGR] 特征，并且由显性的助动词填充该位置。当屈折词短语的中心语没有被显性助动词填充时，英汉语分别需要由助动词"do"和系动词"是"填充；否则，动词短语则不能被允准，从而导致所生成的句子不合格，如例（15b）和（16b）。

（15）a. John passed the syntax exam, and Bill did [~~VP pass the syntax exam~~] too.
　　　b. *John passed the syntax exam, and Bill [~~VP pass the syntax exam~~] too.
（16）a. 小明读了这本书，小红也是 [~~VP 读了这本书~~]。
　　　b. *小明读了这本书，小红也 [~~VP 读了这本书~~]。

动词短语省略除了涉及允准条件之外，还涉及其他因素。第一个因素是动词短语省略不仅能够出现在并列结构中，同时也可以出现在复杂从句中，如例（17）所示。

（17）a. John finished reading the novel after Jim did [~~VP finish reading the novel~~].
　　　b. Ruguo ni neng shuo yingyu, wo ye neng [~~VP shuo yingyu~~].
　　　　If you can speak English I also can speak English…
　　　　If you can speak English, I can too.

第二个因素涉及先行语的线性位置。具体而言，动词短语省略在英语中可以出现在先行语之前或者出现在先行语之后，如例（18）所示，但动词短语省略在汉语中只能出现在先行语之后，如例（19）所示。

（18）a. Anyone who can [~~VP draw a sunflower~~] should tell us how to *draw a sunflower*.

b. John *loves this watch*, and Mary does [~~VP love this watch~~] too.

（19）a. * 任何能 [~~VP 画向日葵~~] 的人应该告诉我们怎么画向日葵。
Anyone who can should tell us how to draw a sunflower.

b. 约翰喜欢这块表，玛丽也是 [~~VP 喜欢这块表~~]。
John loves this watch, and Mary does too.

第三个因素是英汉语中的动词短语省略不仅能够出现在从句中，也能够出现在涉及说话人和听话人的对话之中，如例（20）和例（21）所示。

（20）—— Can you speak French?
—— Yes, I can [~~VP speak French~~].

（21）—— 你会弹钢琴吗?
Can you play piano?
—— 我会 [~~VP 弹钢琴~~]。
I can.

需要指出的是，动词短语省略所涉及的问题比较复杂，无法在简短的篇幅里分析透彻，同时该话题也不是本文所探讨的主要话题。

本小节探讨了省略所涉及的限制。复原条件要求被省略的成分必须能够在句法上进行重构，从而使语义得以复原。等同条件指删略成分应该与先行语小句在句法等同，或语义等同，或二者的结合等同的前提下得到允准。允准条件要求某个成分的删略必须得到具有强特征的功能性中心语的允准。尽管只是简单介绍了以上提到的限制，但这些限制对分析省略现象至关重要，并且也是分析截省句时必须严格遵守的规则。在探讨完省略的相关限制之后，将在下一小节探讨省略的两种分析方法。

3.1.3 省略的主要分析

关于省略的分析方法,核心问题是不发音的成分是否具有句法位置。非结构法认为,如果一个成分不具有语音形式,那么它将不占据任何句法位置;结构法则认为,尽管一个成分不具有语音形式,但它仍然占据一个句法位置。

具体而言,非结构法(Culicover and Jackendoff 2005; Ginzburg and Sag 2000, etc.)试图为省略的成分提供一个直接语义解读。换言之,非结构法是从语义角度来分析省略成分,完全没有考虑省略成分的内部结构。

(22)John met someone, but we don't know *who*.

按照非结构法,例(22)中,特殊疑问词短语"what"线性序列后不存在任何句法结构。特殊疑问词短语被当作一个单独成分充当嵌入分句的谓语动词"know"的直接补足语。因此,特殊疑问词短语可以通过对先行语小句中的变量进行提问,或者通过间接允准机制得到解读。非结构法的优势之一在于该分析方法简化了句法操作,因为它是完全通过语义方法来进行解释。然而,非结构法至少存在两点不足。第一,该分析方法与句法结构的统一性不一致,因为它认为特殊疑问词短语是句子节点唯一支配的成分;第二,该分析方法忽略了省略成分与其先行语之间所体现出的连接效应(connectivity effect),因为它认为不具有语音形式的成分不占据任何句法位置。

然而,结构法认为省略成分存在一个内部结构,该结构在语音式或逻辑式进行分析。因此,结构法被进一步分为语音式删略法和逻辑式复制法,前者认为被送往语音式层面的是一个完整的句法结构,在与先行语小句满足等同条件的前提下,其中的某些成分被删略,从而生成一个省略结构。

(23)John bought something yesterday, but we don't know *what*.

John bought something yesterday, but we don't know [IP John bought *what* yesterday].(D-structure)

John bought something yesterday, but we don't know [CP *what*$_i$ [IP John bought t$_i$ yesterday]].(S-structure)

John bought something yesterday, but we don't know [$_{CP}$ *what$_i$* [$_{IP}$ ~~John bought t$_i$ yesterday~~]]. (PF)

例（23）具有如下的生成过程：首先，特殊疑问词短语 "what" 在底层结构原位生成于完整的屈折词短语内；其次，特殊疑问词短语经历显性移位，在表层结构中移位至 [Spec, CP]；再次，句法结构被分别送往语音式和逻辑式；最后，在与先行语小句满足等同条件的前提下，充当补足语的屈折词短语在语音式层面被删略。

由于语音式删略法涉及成分的删略，因此该方法聚焦省略的允准条件。换言之，语音式删略法关注相关成分的删略在什么情况下能够得到允准。

逻辑式复制法认为省略结构从底层结构、表层结构和语音式层面都存在一个空位置。在语音式层面，我们需要重构逻辑式从而为空位置提供合理的解释。

（24）John bought something yesterday, but we don't know *what*.

John bought something yesterday, but we don't know [$_{CP}$ *what* [$_{IP}$]]. (D-structure)

John bought something yesterday, but we don't know [$_{CP}$ *what* [$_{IP}$]]. (S-structure)

John bought something yesterday, but we don't know [$_{CP}$ *what* [$_{IP}$ John bought something yesterday]]. (LF)

例（24）具有如下的生成过程：首先，特殊疑问词短语在底层结构中原位生成于 [Spec, CP]，其线性序列后存在一个空的屈折词短语位置。该句法结构在表层结构中仍然保持不变。其次，该句法结构被分别送往语音式和逻辑式。最后，在逻辑式层面，为了给例（24）提供疑问类型的解读，需要将先行语小句循环至空位置，并将特殊疑问词短语与无定名词短语 "something" 同标。尽管逻辑式复制法的生成机制比之前的其他方法复杂，但与其他方法的基本逻辑是保持一致的。换言之，逻辑式复制法采用语义方法来为省略结构提供合适的解读。

诚然，语音式删略法和逻辑式复制法都存在优势和不足。正如 Lappin

（1996）所指出的，无论是语音式删略法还是逻辑式复制法都无法单独解释所有的省略现象。因此，有的省略现象可以通过语音式删略法来解释，有的省略现象则可以通过逻辑式复制法进行解释。Merchant（2001）认为，句法方法和语义方法并不冲突，在多数情况下，可以将句法和语义方法相结合来为省略现象提供更全面的解释。

目前，笔者分析了省略的理论基础、省略的限制及主流的分析方法。尽管上述分析并不全面，但仍能加深对省略现象的理解，同时为后续研究起到铺垫作用。

3.2 IP-省略的焦点条件

本小节将探讨 Merchant（2001）所提出的 IP-省略的焦点条件（Focus Condition on IP-ellipsis）。当探讨省略现象时，我们通常纠结于到底应该采用句法方法还是语义方法。然而，Merchant 认为，在多数情况下，将句法和语义两种方法相结合能够为省略现象提供更合理的解释。正是在此观点的基础上，Merchant 提出了 IP-省略的焦点条件。

为了能够更好地分析 IP-省略的焦点条件，我们首先需要了解已知（Givenness）的概念。该概念由 Schwarzschild（1999）提出，指的是一个成分"E"可以被认为是已知，当且仅当该成分有一个凸显的先行语"A"，通过存在类转换（∃-type shifting），先行语 A 蕴含成分 E 的焦点封闭。在已知概念的基础上，Schwarzschild 提出了 S-省略的焦点条件，认为屈折词短语 α 能够被省略的前提是 α 是一个已知的成分，或 α 是一个已知成分的一部分。

（25）John knows Mary called some classmates an idiot, but he doesn't know which [IP Mary called an idiot].

为了便于说明，我们把删略的部分表述为 IP_E，把先行语小句表述为 IP_A。在例（25）中，IP_E "Mary called X an idiot" 被认为是成分已知，因为先行语小句 IP_A "Mary called some classmates an idiot" 明显蕴含 IP_E 的焦点封闭，即知道 "Mary 称一些学生为傻瓜" 蕴含知道 "Mary 是否称某个学生为傻瓜"。由于 S-省略的焦点条件得到满足，IP_E 得省略就得到了允准。然而，即使

Schwarzschild 提出的 S- 省略的焦点条件能够解释类似例（25）的屈折词短语省略，但它却不能解释类似例（26）的屈折词省略现象。

（26）*John knows Mary called some classmates an idiot, but he doesn't know *which* [~~IP she insulted~~].

由于知道"Mary 称一些学生为傻瓜"蕴含知道"Mary 冒犯了一些同学"，IP_E "she insulted a classmate" 被认为是已知，因为 IP_A "Mary called some classmates an idiot" 蕴含 IP_E 的焦点封闭。因此，S- 省略的焦点条件得到满足，IP_E 的删略也得到允准。然而，IP_E 的删略会导致生成不合格的句子。

Merchant（2001）意识到 Schwarzschild（1999）在已知概念的基础上提出的单向蕴含的不足，Merchant 提出了省略已知（e-givenness）的概念。省略已知指的是成分 E 被认为是省略已知，当且仅当该成分有一个凸显的先行语 A，通过存在类转换，A 蕴含 E 的焦点封闭，E 也蕴含 A 的焦点封闭。Merchant 所提出的省略已知的概念与 Schwarzschild 所提出的已知的概念不同之处在于前者建立在双向蕴含的前提下，而后者建立在单向蕴含的前提下。具体而言，前者要求 IP_E 和 IP_A 必须相互蕴含对方的焦点封闭，而后者只要求 IP_A 蕴含 IP_E 的焦点封闭。鉴于此，Merchant（2001）提出了 IP- 省略的焦点条件，认为屈折词短语 α 能够允准被删略当且仅当 α 是省略已知。现在我们以（25）和（26）为例分析 IP- 省略的焦点条件的具体应用。

在例（25）中，IP_E 的焦点封闭可以表述为 "F-clo（IP_E）= $\exists x$. Mary called x an idiot"；IP_A 的焦点封闭可以表述为 "F-clo（IPA）= $\exists x$. Mary called x an idiot"。由于 IP_E 和 IP_A 相互蕴含对方的焦点封闭，IP- 省略的焦点条件因此得到满足，IP_E "Mary called a classmate an idiot" 的删略也得到允准。

同理，在例（26）中，IP_E 的焦点封闭可以表述为 "F-clo（IP_E）= $\exists x$. Mary insulted x"，IP_A 的焦点封闭可以表述为 "F-clo（IP_A）= $\exists x$. Mary called x an idiot"。显而易见的是，只有 IP_A 蕴含 IP_E 的焦点封闭，而 IP_E 不蕴含 IP_A 的焦点封闭，原因在于可以冒犯他人的方式很多，不一定非得称对方为"傻子"。IP_E 和 IP_A 相互蕴含对方的焦点封闭的前提不存在，IP- 省略的焦点条件就不能得到满足，从而导致 IP_E 的删略不能得到允准。

此外，IP-省略的焦点条件也能为截省句中萌生的操作提供解释。Chung et al.（1995）认为，截省句应该在逻辑式层面进行解释，主要涉及 IP-循环、合并和萌生的句法操作。Chung et al. 还认为截省句中通过萌生操作生成的短语投射必须得到谓语动词主目结构的允准，否则将导致生成的截省句不合格，如例（27）所示。

（27）a. *Mary ate lunch, but we don't know [$_{CP}$ who [$_{IP}$ Mary ate lunch]].
b. *John mailed Mary a letter, but we don't know [$_{CP}$ to whom [$_{IP}$ John mailed Mary a letter]].

按照逻辑式复制法，例（27a）和例（27b）中的先行语小句被分别循环至特殊疑问词短语"who"和"to whom"线性序列后的空位置。为了给截省句提供疑问类型的意义，以上例子中的特殊疑问词短语必须约束屈折词短语循环后的变量。然而，在例（27a）中，问题是二元谓词"eat"的主目结构已经通过两个名词短语"Mary"和"lunch"得到满足，导致在循环后的屈折词短语内没有空位置提供给萌生的名词短语。同理，在例（27b）三元谓词"mail"的主目结构同样已经通过三个名词短语"John""Mary"和"a letter"得到满足，无法再允准在循环后的屈折词短语内提供额外的介词短语位置。由于在循环后的屈折词短语内不存在任何变量，位于标句词短语标志语位置的特殊疑问词短语找不到任何可以约束的变量，无法建构合法的逻辑式，因此例（27a）和例（27b）都不合格。

现在，笔者分析 IP-省略的焦点条件如何应用到截省句的萌生操作中。

（28）a. *John served the dessert, but we don't know [$_{CP}$ who [$_{IP}$ ~~John served the dessert~~].
b. John served the classmates, but we don't know [$_{CP}$ what [$_{IP}$ ~~John served the classmates~~].

按照省略已知的定义，在例（28a）中，IP$_E$ 可以表述为"F-clo（IP$_E$）= ∃x. John served the dessert to x"，IP$_A$ 可以表述为"F-clo（IP$_A$）= John served the dessert"。显然，只有 IP_E 蕴含 IP_A 的焦点封闭，而 IP_A 并不蕴含 IP_E 的焦点封闭，因为我们可以在不涉及接受者的情况下提供甜点。例如，我们可以仅仅将甜点放在餐桌上，餐桌周围没有任何人来享受甜点。由于 IP_E 不是省略已知，按照 IP-省略的焦点条件，该部分的省略不能被允准。然而，在例（28b）中，IP_E 可以表述为"F-clo（IP_E）= ∃x. John served the classmates x"，IP_A 可以表述为"F-clo（IP_A）= ∃x. John served the classmates x"。由于 IP_E 与 IP_A 相互蕴含对方的焦点封闭，因此 IP_E 成为省略已知，该部分的省略得到允准。

此外，IP-省略的焦点条件也能够为英语分离疑问句的分析提供支撑。语言研究者（Arregi 2010; Botteri 2015; Camacho 2002; Ha 2010; Lee 2011; López-Cortina 2003, 2009; Sohn 2011; Wang and Han 2018b et al.）对英语分离疑问句进行过相关探讨。该结构由两部分构成，前部是一个疑问词组引导的"特殊疑问句"，后部只包含一个残余成分，如例（29）所示。

（29）*What* did Mary buy, *an apple*?

在语音层面，特殊疑问句部分及残余部分之间有语音停顿；在拼写方面，两部分之间用逗号隔开。在第二部分中，残余成分除了可以是单个名词短语之外，也可以是由两个名词短语与连接词"or"构成的组合体，还可以是一个标句词短语，如例（30）所示。

（30）a. *What* would you like to eat, [$_{NP}$ *beef*] or [$_{NP}$ *fish*]?
　　　b. *What* does Lucy believe, [$_{CP}$ *that she is more beautiful than Mary*]?

在英语分离疑问句中，残余成分通常充当第一部分中特殊疑问词短语的关联语，并为其提供可能的回答。此外，分离疑问句具有是非疑问句的解读，因此可能的回答要么是肯定要么是否定。当残余成分是两个名词短语与连接词"or"构成的组合体时，回答通常是其中一个名词短语。

除了特殊疑问词短语"what"之外，其他特殊疑问词短语，例如"who""when""why""where"，同样可以出现在英语分离疑问句中，如例（31）所示。

（31）a. *Who* broke the window, *Mary*?

b. *When / Where / Why* did John buy the book, *yesterday / at the bookstore / because he lost the old one*?

Wang & Han（2018b）赞同 Arregi（2010）的观点，认为分离疑问句的第一部分具有特殊疑问句的句类解读，其中特殊疑问词短语从屈折词短语内移位至 [Spec, CP]，并使该部分具有特殊疑问句的语力。然而，他们认为分离疑问句的第二部分并非普通的是非疑问句，而是以 it- 分裂句为基础的特殊是非疑问句。具体而言，第二部分的基本结构可以表达为"Is it X that-clause"，这是一个固定结构，在英语里通常被用来实现焦点标记，其中"X"位于焦点位置并得到焦点解读。"that-clause"充当预设成分，其背景信息由第一部分中的先行语提供。第二部分中的残余成分的完整结构是"Is it X that-clause"，从而使第二部分成为是非疑问句，并使整个分离疑问句具有是非疑问句的语义解读。换言之，分离疑问句的回答必须是肯定或者否定。此外，由于"that-clause"包含旧信息，虚主语"it"和助动词"be"不具有具体的语义内容，所有这些成分都可以在语音式层面被删略，从而强调固定结构的焦点成分"X"，并生成合格的分离疑问句。

分离疑问句的生成过程涉及删略的句法操作，该操作的可行性和可接受度也能通过省略的焦点条件（Merchant 2001）得到证据支撑。

（32）a. *Who* does Mary love, *John*?

b. *Who* does Mary love, ~~is it~~ *John* ~~that Mary loves~~?

例（32a）由例（32b）推导而来。通过存在类转换，IP_A 的焦点封闭可以表述为"Focus-closure(IP_A) = $\exists x$. Mary loves x"。由于特殊疑问句部分可以充当第二部分的先行语小句，后者则具有"Is it John that Mary loves"的句法结构。此外，IP_E 的焦点封闭可以表述为"Focus-closure(IP_E)= $\exists x$. Mary loves x"。由于 IP_A 和 IP_E 相互蕴含对方的焦点封闭，IP_E 则成为省略已知，省略的焦点条件也得到满足，从而使第二部分中相关成分在语音式层面被删略得到允准。尽管被删略的并非连续成分，Radford（2009）认为英语中可以存在非连续拼读或分裂拼读，如例（33）所示。

(33) a. *What hope* could there be *of finding any survivors*?
b. *What hope* ~~of finding any survivors~~ could there be ~~what hope~~ of finding any survivors.

在例(33)中，数量词短语"what hope of finding any survivors"原位生成于动词"be"的补足语位置。随后，该数量词短语的复制移位至 [Spec, CP]。如果只考虑数量词短语的拼读，那么非连续成分"what hope"在移位链（movement chain）的链首得到拼读，而"of finding any survivors"在链尾得到拼读，从而生成合格的句法结构。

除了以上应用分析以外，IP-省略的焦点条件同样也可以用来分析汉语截省句。

(34) a. 小明很喜欢一位女生，但是我们不知道是哪位女生。
Xiaoming likes a girl very much, but we don't know which girl.
b. 小明很喜欢一位女生，但是我们不知道 [$_{CP}$ 哪位女生 $_i$ [$_{IP}$ ~~小明很喜欢 t$_i$~~]]。
Xiaoming likes a girl very much, but we don't know which girl.

按照结构法的观点，特殊疑问词短语"哪位女生"的线性序列后存在一个屈折词短语。根据 IP-省略的焦点条件，IP_A 的焦点封闭可以表述为"Focus-closure(IP_A) = ∃x. 小明很喜欢 x"，IP_E 的焦点封闭可以表述为"Focus-closure(IP_E) = ∃x. 小明很喜欢 x"。由于 IP_A 和 IP_E 相互蕴含对方的焦点封闭，IP_E 则成为省略已知，该成分在语音式层面的删略得到满足。

总之，本小节探讨了省略已知和 IP-省略的焦点条件。前者建立在 IP_A 和 IP_E 相互蕴含对方的焦点封闭的基础上，后者采用省略已知的概念，认为只有当屈折词短语成为省略已知时才能在语音式层面被删略。IP-省略的焦点条件对解释省略结构所涉及的删略操作至关重要，同时也能为汉语截省句的分析提供理论基础。下一小节将分析话题和焦点。

3.3 话题与焦点的分析

制图理论是在原则与参数句法理论框架下提出的研究方案。按照 Cinque and Rizzi（2008）的观点，制图理论试图描绘更加详细、准确的句法图谱，聚焦研究功能语类及其内容、数和语序。尽管制图理论的概念由 Cinque（1999）首先提出，但 Rizzi（1997）是第一位探索句子左缘结构的语言学家。Rizzi 认为，标句词短语层面是一个短语投射丰富的结构区域，由两个中心语及其最大投射界定。最顶端的是以标句词为中心语的最大投射，即标句词短语；最底端的是以限定词为中心语的最大投射，即限定短语。话题短语和焦点短语位于标句词短语和限定短语之间。因此，标句词短语可以分裂为如下的阶层结构。

（35）ForceP > TopP > FocP > FinP

3.3.1 话题的信息价值与句法

Chafe（1976）提出，话题是句子成立的框架。Li 和 Thompson（1981）认为，话题通常传达已知信息，表达句子的相关内容。Lambrecht（1994）认为如果一个命题被理解为一个已知的语言环境中的所指，那么这个所指可以被解读为命题的话题，例如，传达相关信息并增加听话者对所指的知识。Rizzi（2013b）将话题定义为从已知背景中提取出的某一成分，表达话题的意义。

因此，话题的一个特征是它通常与已知信息或旧信息相关，表达听话人和说话人共同拥有的信息。

（36）—— The demonstrators have been looting shops and setting fire to cars.
　　　—— [$_{Top}$ *That kind of behavior*], we cannot tolerate in a civilized society.
　　　（Radford 2009:281）

例（36）中的斜体部分"that kind of behavior"指前句说话者所提到的抢

劫商店和点燃汽车的事情，因此它是话语的话题。汉语也存在很多话题表达旧信息的例子，如例（37）所示。

（37）[$_{Top}$ 这件事]，你就放心吧。
　　　Concerning this matter, you can put your mind at ease.
　　（Lü 1986:334）

在例（37）中，说话者和听话者都知道"这件事"在语境中指的是哪件事，因此"这件事"可以充当句子的话题，表达已知信息。

然而，在某些情况下话题也可以传达新信息。换言之，话题既可以传达旧信息，也可以传达新信息，话题并非与特定的信息价值关联。

（38）——你的旅行准备怎么样了？
　　　　How are you preparing your travel?
　　　——我还要订机票、酒店，至于[$_{Top}$ 联系当地导游]，我需要再想想。
　　　　I still have to reserve the flight ticket and hotel room. Concerning contacting a local tour guide, I still need to think about it.

在例（38）的对话中，第二个说话者回答了第一个说话者询问的关于旅行准备的问题，例如"订酒店"和"订机票"。此外，话题成分"联系当地导游"作为旅行准备的其中一件事。显然，话题成分在该语境下表达新信息，因为这件事是旅行准备的所有事情中的一件。

话题还可以用来回答前文出现的特殊疑问句，因此话题一定是传达新信息。

（39）——哪部电影，你最喜欢？
　　　　Which film do you like most?
　　　——[$_{Top}$ 这部电影]，我最喜欢.
　　　　This film, I like it most.

按照 Pesetsky（1987）的观点，话语连接型特殊疑问词短语就一个已知集合中的个体提问，询问的自然是新信息。在例（39）中，话语连接型特殊疑问词短语"哪部电影"希望第二个说话者提供包含新信息的回答。因此，名词短语"哪部电影"表达的是新信息而不是旧信息。

上述内容表明，话题不仅能够表达旧信息，也可以表达新信息。关于话题的具体位置，我们需要回答话题究竟是原位生成于句首位置的投射，还是从句子中的位置经过显性移位来到句首位置。笔者赞同 Cheung（2008, 2014）和 Paul（2015）的观点，认为存在两种类型的话题：一种是无空缺话题，另一种是常规话题。两种类型的话题都出现在句首位置，其后都可以接话题标记，例如"啊""吗""呢"，也可以由逗号隔开。无空缺话题指出现在句首，但无法在句子中找到可以复原的句法位置的话题，如例（40）和例（41）所示。

（40）[$_{Top}$ 这场事故]，幸亏交警来得及时。

　　　As for this incident, fortunately the traffic police came promptly.

（41）[$_{Top}$ 水果]，我喜欢吃苹果。

　　　Concerning fruits, I like eating apples.

在上述两个例子中，话题"这场事故"和"水果"都原位生成于句首位置，因为在所处的句子中都无法找到空缺的句法位置可供话题复原。另一类无空缺话题指在一个结构中，话题与句子中的代词或侮辱语（epithet）相关联，如例（42）和例（43）所示。

（42）[$_{Top}$ 小明]$_i$，小红不喜欢他 $_i$。

　　　As for Xiaoming, Xiaohong doesn't like him.

（43）[$_{Top}$ 小明]$_j$，小红讨厌那个傻瓜 $_j$。

　　　As for Xiaoming, Xiaohong hate that fool.

例（42）和例（43）中的话题分别于句子中的代词"他"和侮辱语"那个傻瓜"相关联。显然，以上两个话题均原位生成于句首位置。

与无空缺话题相比，常规话题指的是从居中的句法位置显性移位至句首的话题，如例（44）和例（45）所示。

（44）[Top 这部电影]，大家都很喜欢。

　　　　As for this film, everyone likes it very much.

（45）[Top 这种刀]，没有医生敢开。

　　　　No doctor dares to perform this kind of operation.

在上述例子中，两个话题都是从句中的宾语位置移位至句首位置。因此，能够将句首的话题复原至其原位。

本小节探讨了话题的信息价值，认为话题并非与特定的信息值关联。话题不仅能够传达旧信息，也能够传达新信息。此外，本小节还分析了两种类型的话题：无空缺话题和常规话题。前者原位生成于句首位置，在句中无法找到可以复原的句法位置，但可以与句中的代词或侮辱语相关联；后者原位生成于句中的句法位置，经历了显性移位来到句首位置。

3.3.2　焦点的相关问题

句子的信息结构通常由预设部分和焦点部分构成。预设部分包含说话者和听话者共同知道的信息或知识，而焦点则传达新信息。

（46）—— What did John buy at the supermarket?

　　　 —— John bought [Foc *a pair of trousers*] at the supermarket.

在例（46）中，第一个说话者预设"约翰在超市买了东西，他在想约翰到底买了什么"。第二个说话者提供焦点内容"一条裤子"，从而回答了前者的问题。

通常而言，句子的任何成分都可以被当作焦点，只要该成分获得核心音高（pitch accent）或语音凸显（phonological prominence）。

（47）John bought a second-hand car yesterday.

在例（47）中，任何一个成分都能够获得语音凸显或重音成为句子的焦点，而其余成分则作为预设。例如，如果主语"约翰"获得核心音高，句子表达的意思为"是约翰，而不是其他人昨天买了一辆二手车"。同理，如果谓语动词"bought"获得重音，那么句子则强调购买东西而不是销售东西。在日常交际中，通常用重音的方式来凸显焦点成分。

此外，英语也可以通过使用焦点算子（focus operator），例如"only"和"even"，来标记焦点。以上两个焦点算子均修饰一个成分，该成分是谓语动词所涉及对象的集合中的子集。然而，两个焦点算子对其所强调的成分产生不同的语义内容。具体而言，焦点算子"only"通过排除已知集合中的其他可能选项来强调焦点成分，而焦点算子"even"通过表达已知集合中最不可能的选项来强调焦点成分。

（48）a. John *only* loves [$_{Foc}$ *Mary*].
　　　b. John *even* loves [$_{Foc}$ *Lucy*].

在例（48a）和例（48b）中，焦点算子"only"和"even"分别强调焦点成分"Mary"和"Lucy"。然而，例（48a）表达的意思是焦点成分"Mary"是约翰所喜欢的人群中唯一喜欢的人，而例（48b）表达的意思是焦点成分"Lucy"是约翰最不可能喜欢的人。

除了语义差异之外，两个焦点算子还存在句法差异。具体而言，焦点算子"only"修饰的是其成分统制域内的选项，而焦点算子"even"不受该条件限制。

（49）a. Lucy *only* loves [$_{Foc}$ *Lily*].
　　　b. [$_{Foc}$ *Mary*] *even* loves [$_{Foc}$ *Jim*].

在例（49a）中，焦点算子"only"与其成分统制域内的焦点成分"Lily"关联，但不能与其成分统制域外的主语"Lucy"关联。在例（49b）中，焦点算子"even"不仅能与其成分统制域内的焦点成分"Jim"关联，也能与其成分统制域外的主语"Mary"关联。

除了焦点算子"only"和"even"之外，英语中也存在固定句法结构来表达焦点信息，例如it-分裂句。

It-分裂句具有"It is X that-clause"的固定结构，该结构被用来实现焦点标记。换言之，位于该结构 X 位置的成分获得焦点。按照 Huddleston 和 Pullum（2005）的观点，在正常情况下，主语、宾语或与时间、地点、目的、方式、条件、原因相关的附加语都能够出现在焦点位置，并获得焦点解读。

（50）John bought a book for Lily on Saturday.

（51）a. It is *John* that bought a book for Lily on Saturday.

b. It is *a book* that John bought for Lily on Saturday.

c. It is *for Lily* that John bought a book on Saturday.

d. It is *on Saturday* that John bought a book for Lily.

在 it- 分裂句中，"that-clause" 表达预设，包含前文已经提及的信息，其真值通常不会受到否定的影响，如例（52）所示。

（52）a. It is a book that John bought for Lily on Saturday.

b. It isn't a book that John bought for Lily on Saturday.

例（52a）表达如下的预设内容，即 "John bought something for Lily on Saturday"，而例（52b）也表达同样的预设内容，尽管该句被否定词修饰。

此外，Quirk, Greenbaum, Leech 和 Svartvik（1985）指出，it- 分裂句不仅可以出现在陈述句中，也可以出现在疑问句、感叹句和从句中，如例（53）所示。

（53）a. Was it *for this* that we suffered and toiled?

b. *Who* was it that interviewed you?

c. *What a glorious bonfire* it was that you made!

d. He told me that it was *because he was ill* that they decided to return.

笔者将举例说明如何使用焦点来分析英语 "why + not + NP" 结构的句法生成机制。Wang 和 Han（2018a）认为，英语 "why + not + NP" 结构由完整的疑问句派生而来，疑问句中的相关成分发生移位并在语音式层面被删略。具体而言，Wang 和 Han 在制图理论（Rizzi 1997; Cinque 1999; Cinque and Rizzi 2008）框架下将标句词短语分裂为语气词短语（ForceP）、焦点短语（FocP）

和限定短语（FinP）。Wang 和 Han 认为特殊疑问词短语"why"原位生成于 [Spec, ForceP]，使句子获得疑问句的句类解读（Cheng 1991），并与屈折词短语内的相关成分进行焦点关联。名词短语受焦点短语中心语强焦点特征 [+Foc] 的驱动显性移位至 [Spec, FocP]。否定标记"not"以嫁接的方式出现在移位后的名词短语左缘位置，助动词经历 I-to-Fin 的中心语移位。由于否定标记"not"成分统制移位的名词短语，因此名词短语能够获得否定焦点。此外，由于"not+NP"的组合体位于 [Spec, FocP]，因此该组合体成为全句的焦点，并获得对比焦点的解读。最后，为了凸显"not+NP"所携带的对比焦点，焦点短语中心语的补足语，即限定短语，在语音式层面被删略，从而生成合格的"why + not + NP"结构。

目前，我们探讨了英语中的焦点，认为焦点可以通过作语音标记实现，即被作语音标记的成分获得语音凸显或重音，并且成为句子的焦点。焦点也可以通过作形态标记实现，即使用焦点算子"only"和"even"。此外，焦点也可以通过句法实现，即采用 it- 分裂句结构。

同理，汉语中的焦点也可以通过语音、形态和句法实现。语音方面，句子的任何成分都可以获得语音凸显，并被当作句子的焦点。即使不采用语音凸显或重音的方式，疑问句中的特殊疑问词短语通常也能够成为焦点，从而使对特殊疑问词短语的回答成为焦点。

（54）—— 小明出什么事了？
　　　　What happened to Xiaoming?
　　—— [小明被车撞了。]
　　　　Xiaoming was hit by a car.
（55）—— 哪辆车撞的？
　　　　Which car hit Xiaoming?
　　—— [那辆红色轿车] 撞的。
　　　　It is the red car that hit Xiaoming.
（56）—— 哪个人开的？
　　　　Which person was driving the car?
　　—— [那个戴白色帽子的男人] 开的。
　　　　It is the man with a white hat that was driving the car.

在上述例子中,特殊疑问词短语具有语音凸显,从而使对特殊疑问词短语的回答成为焦点,并得到焦点的解读。

除了语音凸显之外,焦点也可以通过增加焦点标记来实现,如"连……都"(Shyu 1995)及"只(有)(Zhang 2000)"。

(57)a. 连 [这部电影],小明都愿意看。

Even this film, Xiaoming is willing to see.

b. 连 [小明] 都参加了运动会。

Even Xiaoming participated in the sports meeting.

c. 小明连 [这部电影] 都想看。

Xiaoming wants to see even this film.

d. * 小明连 [买了这本书] 都。

Xiaoming even bought this book.

e. * 小明买了连 [这本书] 都。

Xiaoming bought even this book.

(58)a. 只有 [这个菜],小明不想吃。

Only this dish, Xiaoming doesn't want to eat.

b. 只有 [小明] 愿意读博士。

Only Xiaoming is willing to pursue a Ph.D.

c. 小明只有 [这部电影] 想看。

It is only this film that Xiaoming wants to see.

d. 小明只 [读过这本书]。

Xiaoming has only read this book.

e. * 小明只买了 [二斤牛肉]。

It was only a kilo of beef that Xiaoming has bought.

在例(57)中,方括号内的表达被焦点标记"连……都"所修饰,从而被当作焦点。显然,焦点标记可以修饰前置于句首的宾语,如例(57a),居于原位的主语,如例(57b),以及位于主语和动词短语之间的前置的宾语,如例(57c)。然而,焦点标记"连……都"既不能允准动词短语焦点,也不能允准居于原位的宾语焦点,如例(57d)和例(57e)所示。同理,在例(58)

中，方括号内的表达被当作焦点，并可以被焦点标记"只"或"只有"所修饰。显然，焦点标记"只有"只能允准居于句首位置的前置宾语，如例（58a），居于原位的主语焦点，如例（58b），以及居于主语和动词短语之间前置宾语，如例（59c）。然而，焦点标记"只"仍可以允准动词短语焦点，如例（59d），即使该焦点标记不能允准居于原位的宾语焦点，如例（59e）。

综上所述，焦点标记"连……都"及"只有"都能够允准居于句首，或位于主语与动词短语之间的前置宾语焦点，以及居于原位的主语焦点，但两种焦点标记都不能允准动词短语焦点及居于原位的宾语焦点。然而，即使焦点标记"只（有）"不能允准居于原位的宾语焦点，但却可以允准动词短语焦点。

此外，汉语中的焦点也可以通过句法来实现。具体而言，我们通常采用分裂句来强调句子中的某个成分。汉语中的焦点标记"是"可以出现在谓语动词之前的任意位置，使其线性序列后的成分变为焦点。然而，焦点标记"是"不能出现在谓语动词和宾语之间（Huang 1988）。

（59）a. 是 [小明] 昨天打扫了教室。

       It is Xiaoming that cleaned the classroom yesterday.

    b. 小明是 [昨天] 打扫了教室。

       It is yesterday that Xiaoming cleaned the classroom.

    c. 小明昨天是 [打扫了教室]。

       It is cleaning the classroom that Xiaoming did yesterday.

    d. * 小明昨天打扫了是 [教室]。

       It was the classroom that Xiaoming cleaned yesterday.

在上述例子中，方括号内的所有表达除了宾语之外都可以被焦点标记"是"修饰，从而成为句焦点。汉语通常采用准分裂句（pseudo-cleft）来强调宾语，如例（60）所示。

（60）小明昨天打扫的是 [教室]。

       What Xiaoming cleaned yesterday was the classsroom.

本小节关注了焦点问题。焦点总是表达新信息，并在英汉语中可以通过语音、形态和句法得以实现。语音方面，句子的任意部分均可以获得语音凸显或重音，从而成为焦点。形态方面，可以采用焦点标记，如英语中的"even"和"only"和汉语中的"连……都"和"只（有）"来强调句子的焦点。句法方面，英汉语都可以采用it-分裂句使任何成分成为焦点，但汉语采用准分裂句来强调宾语焦点。

3.4 截省—焦点假设

Merchant（2001）指出，在其他句子结构中能够出现在标句词短语中心语位置的成分却不能出现在截省句中。例如，助动词可以在疑问句中经历中心语移位，从屈折词短语中心语位置来到标句词短语中心语位置。然而，在截省句中，助动词不能出现在标句词短语的中心语位置，如例（61）所示。

（61）—— Max has invited someone.
　　　—— Really? Who（*has）?

在例（61）中，助动词"has"出现在特殊疑问词短语"who"的线性序列之后。然而，在正常情况下，助动词在主句中能够从屈折词中心语位置移位至标句词中心语位置。我们可能会假设例（16）的截省句并非由主句疑问句"Who has Max invited"派生而来，而是由嵌入分句"who Max has invited"派生而来，其屈折词短语"Max has invited"在语音式层面被删略。因此，标句词短语的中心语不包含能够吸引助动词发生中心语移位的强特征。

另一个相似的情况涉及标句词，例如"that""if"和"for"。Merchant 认为，这些标句词在截省句中也不能出现在标句词短语的中心语位置，原因在于它们无法允准其充当补足语的屈折词短语为空。

（62）a. John hated someone, but we don't know [CP that [IP John hated someone]].

　　　b. *John hated someone, but we don't know [CP that [IP ~~John hated someone~~]]

(63) a. Mary said that she would quit her job, but we are not sure [$_{CP}$ if [$_{IP}$ she would quit her job]].

b. *Mary said that she would quit her job, but we are not sure [$_{CP}$ if [$_{IP}$ ~~she would quit her job~~]].

(64) a. Lucy asked Lily to pursue a Ph.D., but [$_{CP}$ for [$_{IP}$ Lily to pursue a Ph.D.]] is not quite realistic.

b. *Lucy asked Lily to pursue a Ph.D., but [$_{CP}$ for [$_{IP}$ ~~Lily to pursue a Ph.D.~~]] is not quite realistic.

Merchant 发现，在截省句中与位于 [Spec, CP] 的特殊疑问词短语无关的成分不能出现在标句词短语的中心语位置。因此，Merchant 提出了截省—标句词短语中心语规则（Sluicing-COMP Generalization）。该规则指出，非"算子成分"不能出现在截省句的标句词短语中心语位置。在该规则中，"算子"指的是特殊疑问词短语，"成分"指的是一切有语音的部分。由于特殊疑问词短语位于 [Spec, CP]，标句词短语的中心语位置不能出现显性成分。该中心语只能携带与特殊疑问词短语一致的特征。Merchant 认为，标句词短语的中心语携带强的 [+WH, +Q] 特征，要求其标志语位置必须是一个同样携带 [+WH, +Q] 特征的特殊疑问词短语。

笔者认为在汉语截省句中，"是"原位生成于焦点短语的中心语位置，特殊疑问词短语受强 [+Foc] 特征的驱动发生焦点移位，从屈折词短语内移位至 [Spec, FocP]。在截省—标句词短语中心语规则的基础上，笔者提出截省—焦点假设，认为截省句中焦点短语的中心语位置不能出现显性的成分。因此，"是"面临两种选择：第一，"是"经历中心语移位，从焦点短语的中心语移位至语气词短语的中心语位置，从而在线性序列上居前于特殊疑问词短语，随后，屈折词短语在语音式层面被删略，如例（65a）所示；第二，"是"滞留原位，和其补足语一起在语音式层面被删略，如（65b）所示。

(65) a. 小明昨天遇见了一个人，但是我不知道 [$_{ForceP}$ 是 $_i$ [$_{FocP}$ [[哪个人]$_j$ [$_{Foc}$ t_i]] [$_{IP}$ ~~小明昨天遇见 t_j~~]]].

Xiaoming met someone yesterday, but I don't know who.

b. 小明昨天遇见了一个人，但是我不知道 [$_{FocP}$ [[哪个人]$_j$ [$_{Foc}$ 是]][$_{IP}$ 小明昨天遇见 t_j]].

Xiaoming met someone yesterday, but I don't know who.

人们可能会质疑将居于焦点短语中心语位置的"是"与其充当补足语的屈折词短语在语音式层面一起删略是不是合法的句法操作，因为被删略的部分并不构成一个成分。笔者赞同 An（2016）的观点，认为语音式删略并不总是以成分为目标，有时也可以拓展到删略部分之外的成分。语音式删略总是以连续成分为目标，正如句法运算也总是以句法成分为目标一样。例如，为了生成合格的句子，被删略的部分应该构成一个成分。然而，尽管句法操作决定被删略的目标，语音式删略也可以有自己的规则决定什么成分可以被删略。因此，语音式删略选择的删略对象有时并非合适的对象，而且被删略的部分并不构成连续成分。在此假设的基础上，笔者认为在语音式层面将居于焦点短语中心语位置的"是"及其补足语一起删略是一个合法的操作。

3.5 总　结

本章节探讨了省略的理论基础及对本研究至关重要的理论假设。首先，笔者分析了判断缺失成分是否存在的两种主流标准：一种是语类再分要求，另一种是谓语动词的主目结构要求。语类再分要求指的是某个语类通常语类再分，或选择一个特定的语类充当其补足语。如果所选择的补足语没有在所给的语境中明确表达出来而且句子仍然合格，那么该补足语可能被删略，从而不具有语音形式。谓语动词的主目结构要求必须得到满足，否则会导致所生成的句子违反题元准则。如果谓语动词的主目结构在句子的第一部分已经得到满足，而且句子第二部分中的同一谓语动词的其中一个主目语缺失，那么该缺失的主目语有可能是被删略了。其次，本章节探讨了省略的限制，即复原条件、等同条件和允准条件。复原条件指被删略的成分一定能够复原，否则删略并非优选的操作。等同条件指删略的成分必须与其先行语在句法或语义或句法语义方面保持等同。允准条件指什么样的中心语能够允准其补足语的删略。本章节还探讨了省略的两种方法，即非结构法和结构法。两种方法的不同之处在于是否认为空位置处存在一个内部结构。此外，结构法可以进一步分为语音式删略法和逻辑式复制法，前者通过句法途径分析省略，后者通过语义途径分析省略。本章节还涉及 IP- 省略的焦点条件，指的是先行语小句与被删略的成分必须蕴含对方的焦点封闭才能是删略的操作合法。笔者还分析了信息值和话题及焦点。话题并非总是与特定的信息值相关联，既可以表达已知信息，也可以表达新信息。焦点表达新信息，并且在英汉语中可以在语音、形态和句法层面做焦点标记。最后，本章节分析了截省—焦点假设，认为截省句的焦点短语中心语位置不能出现显性的成分。

4 汉语截省句的句法分析

本章节将聚焦汉语截省句的句法分析。笔者认为特殊疑问词短语在汉语截省句中发生显性移位，首先，因此本章节将探讨能够出现在汉语截省句中的谓语动词所受到的句法限制，并提出汉语截省句的外部结构是一个标句词短语。其次，本章节将根据特殊疑问词短语的句法功能和内部结构的复杂程度对其进行重新划分。本章节还分析了"是"和"有"的句法位置，并提出汉语存在典型截省句和假截省句，二者具有不同的句法表征，应该运用不同的分析方法进行解释。此外，本章节还将他逃句法结构岛效应与汉语截省句的关系。最后，本章节分析了汉语截省句中特殊疑问词短语前置的性质。

4.1 谓语动词的句法限制及汉语截省句的功能

前一章节探讨了特殊疑问词短语前置的性质。按照笔者的假设，特殊疑问词短语在汉语中受 [+Foc] 特征的驱动发生显性移位。然而，目前，我们还不清楚截省句的外部结构。换言之，我们不清楚截省句的外部结构到底是标句词短语、屈折词短语还是别的短语。因此，本小节将探讨能够出现在汉语截省句中的谓语动词的句法限制，从而清楚地呈现汉语截省句的外部结构。

4.1.1 句法限制

Merchant（2001）指出，只有语义选择疑问句、语类选择标句词短语的谓语动词才能够出现在英语截省句中。在截省句的谓语动词特征的基础上，Merchant 认为，英语截省句的外部结构是一个标句词短语，而不是非结构法认为的是一个孤立的特殊疑问词短语，充当嵌入分句谓语动词的补足语。我

4 汉语截省句的句法分析

们需要回答的问题是：汉语截省句的谓语动词有哪些限制，以及其句法功能是什么？

语言具有普遍性，所有语言中都存在一些共同的原则。既然只有语义选择疑问句、语类选择标句词短语的谓语动词才能够出现在英语截省句中，那么相关的限制是否也存在汉语截省句中？以下的谓语动词，如"知道""记得""清楚""理解""想知道"和"猜"，经常出现在汉语截省句中。当这些谓语动词被否定词修饰时通常选择疑问句充当其补足语，如例（1）所示。

（1）a. 你居然不知道 [他在哪里买的房子]?
  How come you didn't know where he had bought the apartment.
 b. 我们都记得那位头发花白的老人，但是不记得 [他为社区做了多少好事]。
  We all remember that grey-haired old man, but we don't remember how many good things he has done for the community.
 c. 这位官员肯定受贿了，但是我们不清楚 [他得到了什么好处]。
  It is certain that this official has taken bribes, but it is not clear what benefits he has acquired.
 d. 小红很好看，我就不理解 [你为什么不喜欢她]。
  Xiaohong looks very beautiful, but I don't understand why you don't like her.
 e. 我实在不明白 [大家为什么都讨厌他]。
  I really don't understand why it is that everyone hates him.
 f. 小红发生了车祸，我想知道 [她在哪里发生了车祸]。
  Xiaohong had a car accident, and I wonder where she had a car accident.
 g. 有人说小明去了北京，有人说他去了广州，你猜 [他去了哪里]。
  Some people say Xiaoming has gone to Beijing and others say he has gone to Guangzhou. Guess where he has gone?

以上例子中的谓语动词都选择标句词短语充当补足语，尽管有些例子中谓语动词也可以选择名词短语充当补足语。然而，充当补足语的标句词短语和名词短语具有明显区别。我们以"知道"为例。

（2）a. 我知道 [$_{NP}$ 这个男人]。
　　　 I know of this man.
　　b. 我知道 [$_{CP}$ 这个男人是谁]。
　　　 I know who this man is.

例（2a）和例（2b）表明，谓语动词"知道"既可以选择名词短语，也可以选择标句词短语充当其补足语。然而，补足语的选择会导致不同的语义解读。具体而言，当谓语动词选择名词短语"这个男人"充当补足语时，其语义选择一个特定的个体；当谓语动词选择标句词短语"这个男人是谁"充当补足语时，其语义选择一个特定个体的身份。假设在以下语境中，"张三"在学校图书馆遇到一位男同学，除了"李四"以外大多数同学都不知道这位男同学是谁，"李四"被问了如下问题：

（3）张三在图书馆遇到一位男同学，我们都不知道是谁，你呢？
　　 Zhangsan met a man in the library and all of us don't know who this man is. How about you?

由于表达"你呢"询问"李四"是否知道那位男同学是谁，例（3）自然的回答是例（2b）而不是例（2a）。此外，"李四"也可以做出例（4）的回答。

（4）我知道是谁。
　　 I know who this man is.

例（2b）与例（4）具有相同的语义解读，因为两者都表达个体的状态而不是表达脱离前文语境的个体。因此，笔者认为只有语类选择标句词短语的谓语动词才可以表达个体的状态，从而出现在汉语截省句中。

同理，我们以谓语动词"记得"为例，该谓语动词既可以选择名词短语，也可以选择标句词短语充当其补足语，如例（5a）与例（5b）所示。

4 汉语截省句的句法分析

（5）a. 小明记得 [这起抢劫案]。
   Xiaoming remembered this robbery.
   b. 小明记得 [这起抢劫案是在哪里发生的]。
   Xiaoming remembered where this robbery had taken place.

在例（5a）中，谓语动词"记得"语类选择名词短语充当其补足语，表达"小明"记得一个个体，该个体指"一起抢劫案"，而在例（5b）中，谓语动词语类选择标句词短语充当其补足语，表达在某个特定地点发生的一起抢劫案。因此，例（5b）比例（5a）更适合作为例（6）的回答。

（6）昨天发生了一起抢劫案，但是我们不记得在哪里。
   A robbery took place yesterday, but we don't remember where.

截省句例（6）表达发生了一起抢劫案，但不记得具体的地点。由于例（5b）也表达在某个特定的地方发生了一起抢劫案，因此可以作为例（6）的回答。鉴于此，笔者提出假设，认为只有选择标句词短语充当其补足语的谓语动词才可以表达事件，从而出现在截省句中。

谓语动词"想知道"和"猜"只能选择标句词短语充当其补足语，如例（7）和例（8）所示。

（7）a. * 小明想知道 [这起抢劫案]。
   Xiaoming wonders this robbery.
   b. 小明想知道 [这起抢劫案什么时候发生的]。
   Xiaoming wonders when this robbery has taken place.
（8）a. * 小红无法猜 [这本书]。
   Xiaohong guesses this book.
   b. 小红无法猜 [这本书是关于什么主题]。
   Xiaohong cannot guess what topic this book is about.

按照我们的假设，以上的两个谓语动词均可以出现在截省句中，如例（9）所示。

(9) a. 街上发生了一起抢劫案,我们想知道是什么时候。

A robbery has taken place in the street, and we wonder when.

b. 桌上有一本书,但是小红无法猜是关于什么主题的。

There is a book on the table, but Xiaohong cannot guess (about) what topic.

基于上述内容,笔者认为,只有语类选择标句词短语充当补足语、语义表达个体的状态或事件的谓语动词才能出现在汉语截省句中。

4.1.2 句法功能

本小节探讨汉语截省句的句法功能。前文已经证明,截省句中的特殊疑问词短语并非嵌入分句的谓语动词的补足语,而是一个残余的标句词短语,充当其补足语的屈折词短语在语音式层面被删略。因此,截省句的句法功能则是表达个体的状态或描述一起事件。

(10) a. 小明讨厌一个人,可是大家不知道是哪个人。

Xiaoming hates a person, but none of us know which person.

b. 小红跟小明分手了,可是没人清楚是为什么。

Xiaohong broke up with Xiaoming, but no one is clear why.

在例(10a)中,特殊疑问词短语并非是一个询问某人的孤立成分,而是一个完整标句词短语的一部分,描述小明讨厌的那个人的身份。同理,例(10b)并非询问任意的理由,而是询问"小红"与"小明"分手这个事件的原因。因此,上述例子中的特殊疑问词短语具有与完整的标句词短语相同的语义解读。

截省句的句法功能是表达个体的状态或描述一起事件,该观点也能从截省句是否合格的限制得到证据支撑。第一个限制是只有当先行语可及时,所生成的截省句才合法,如例(11)所示。

4 汉语截省句的句法分析

（11）a. 小红买了一本书，可是我不清楚是什么书。

Xiaohong bought a book, but I am not clear what book.

b. * 我不清楚是什么书。

I am not clear what book.

在例（11a）中，先行语充当预设并为第二部分提供语境，特殊疑问词短语"什么书"能够在先行语小句中找到其关联语"一本书"，因此所生成的截省句是合格的，该截省句询问小红买的书的身份。然而，在例（11b）中，由于不存在任何和语境，因此生成的截省句自然不可接受也不合法。

第二个限制是截省句的第一部分与第二部分的关联。只有当截省句的两部分语义相关时，所生成的截省句才合格。

（12）a. * 小明喜欢一部电影，可是我不了解是谁。

Xiaoming likes a film, but I don't know who.

b. * 小红买了一套房子，可是我们不知道是什么。

Xiaohong bought an apartment, but we don't know what.

在例（12a）中，第一部分关于一部电影，第二部分本应该是询问小明喜欢电影的身份，但第二部分询问的是人的身份，从而导致生成的截省句不合格。同理，在例（12b）中，第一部分表达小红买了一套房子的事件，第二部分本应该询问事件发生的事件、地点或原因，但第二部分询问的却是个体的身份，从而导致生成不合格的截省句。

截省句的两个限制表明截省句的功能与个体的状态或身份或事件的描述相关。截省句应该与完整的、具有特殊疑问意义的标句词短语具有相同的语义解读。

本小节探讨了能够出现在截省句中的谓语动词的句法限制及截省句的句法功能。通过论证，笔者认为只有语类选择标句词短语、语义选择特殊疑问句的谓语动词才能够出现在截省句中，截省句并非关于单独的特殊疑问词短语，而是表达个体的状态或身份或描述一个事件，而且先行语小句对截省句的生成和合法性至关重要。截省句的外部结构是一个完整的标句词短语，而不是孤立的特殊疑问词短语。

4.2 汉语截省句的句法推导及相关问题

前面小节探讨了特殊疑问词短语前置的性质、谓语动词的句法限制及汉语截省句的功能。由于特殊疑问词短语能够前置到句首位置，以及截省句的外部结构是一个完整的标句词短语，因此需要回答的问题是：什么样的特殊疑问词短语能够出现在截省句中，以及特殊疑问词短语与其他成分有何关联。首先，本小节将按照特殊疑问词短语的句法功能和内部结构复杂程度对其进行重新分类；其次，本小节将分析截省句中"是"和"有"的句法地位；最后，我们提出汉语中存在典型截省句和假截省句，二者具有不同的句法结构，涉及不同的句法推导。

4.2.1 汉语截省句中特殊疑问词短语的重新分类

对相关成分的详细分类是开展科学研究的重要前提。因此，有必要按照研究要求将研究对象分为不同的类别，从而提高开展科学研究的效率，更全面、透彻地掌握研究对象的固有特性。

Wei（2004, 2009, 2011）提出，汉语不存在与英语对应的截省句，表面上类似英语截省句的结构其实是假截省句。因此，Wei 认为应该用假截省句法来分析汉语截省句。按照假截省句法的观点，截省句的核心结构由一个空代词、系动词"是"及一个特殊疑问词短语构成。Wei 认为，系动词"是"可以选择性出现或强制性出现。"是"的隐现规律由其显性序列后的特殊疑问词短语的谓语特征决定。如果特殊疑问词短语不能充当谓语，那么"是"必须出现，充当等同动词并帮助特殊疑问词短语实现谓语化。如果特殊疑问词短语能够充当谓语，那么"是"可以自由出现；如果"是"显性出现，那"是"就能够充当强调助动词修饰其后的特殊疑问词短语。

Wei 结合特殊疑问词短语的谓语特征和不同形式将其分为五类，包括修饰谓语类、介词和形容词修饰类。修饰谓语类可以进一步分为三类，包括 [特殊疑问词短语修饰语]—[被修饰语] 模式、[特殊疑问词短语修饰语]—[空位被修饰语] 模式，以及 [被修饰语]—[特殊疑问词短语修饰语] 模式。[特殊疑问词短语修饰语]—[被修饰语] 模式是所有五类中最典型的模式，因为该模式表达了典型的修饰语—被修饰语关系，主要例子包括 [什么 [朋友]][什么 [书]][什么 [事]][什么 [东西]][什么 [人]][几 [岁]] 等。需要注意的是，被修饰语在该模式中不能被省略，除非被修饰语是表达 [什么 [东西]] 的默认中心语 [东西]。该模式出现在截省句中的例子如例（13）所示。

（13）a. 张三买了一些东西，但是我不知道是什么（东西）。

Zhangsan bought something, but I don't know what.

b. 张三出事了，但是我不知道是 * 什么 / 是什么事。

Zhangsan had an accident, but I don't know what.

c. 张三买了一本书，但是我不知道是 * 什么 / 是什么书。

Zhangsan bought a book, but I don't know what.

d. 张三有一个孩子，但是我不知道是 * 几 / 是几岁。

Zhangsan has a child, but I don't know what age.

（Wei 2004:209）

第二种模式是 [特殊疑问词短语修饰语]—[空位被修饰语] 模式。只要该模式中的被修饰语能够在先行语小句中找到关联语，那么被修饰语就可以隐性出现，如例（14）所示。

（14）a. 张三遇到一个 [朋友]$_i$，但我不知道是哪个（朋友）$_i$。

Zhangsan met a friend, but I don't know which (friend).

b. 张三捡到 [一个皮包]$_i$，但是我不知道是谁的（皮包）$_i$。

Zhangsan picked up a purse, but I don't know whose (purse).

（Wei 2004:212）

第三种模式不同于前两种模式，原因在于特殊疑问词短语不充当修饰语，而是被与星期、日期或等级的固定表达所修饰，如例（15）所示。

（15）黄金周快到了，但是我不知道是星期几。

The golden week is coming soon, but I don't know what day of the week it falls on.

第四种模式与前三种模式都不同,原因在于该模式并不表达修饰语—被修饰语关系,而是表达中心语—补足语关系。具体而言,介词可以充当该模式的中心语,选择特殊疑问词短语充当其补足语,尽管中心语有时可以不显性出现,如例(16)所示。

(16) a. 张三寄了一封信,但是我不知道是给谁。
Zhangsan mailed a letter, but I don't know to whom.
b. 张三从纽约出发,但是我不知道是到哪里。
Zhangsan started out from New York, but I don't know to what place.
c. 我们可以休假了,但是我不知道是(在)什么时候。
We can have a holiday, but I don't know when.
(Wei 2004:227-228)

最后一种模式表达修饰语—被修饰语关系,而且修饰语通常是充当附加语的特殊疑问词短语,被修饰语通常是形容词短语,如例(17)所示。

(17) 菜越来越贵了,但是我不知道是多贵。
Vegetables are getting more expensive, but I don't know how expensive.
(Wei 2004:228)

上述对特殊疑问词短语的分类适用于 Wei 提出的假截省句分析法。笔者试图按照汉语特殊疑问词短语的内部结构复杂程度和句法功能进行再分类,从而更好地为本文的分析服务。

具体而言,按照特殊疑问词短语的内部结构,将其分为简单型特殊疑问词短语和复杂型特殊疑问词短语。按照特殊疑问词短语在截省句中的句法功能,将其分为主目语型特殊疑问词短语和附加语型特殊疑问词短语。从逻辑的角度看,该分类可以进一步生成四种不同的组合:简单的主目语型特殊疑问词短语、复杂的主目语型特殊疑问词短语、简单的附加语型特殊疑问词短语和复杂的附加语型特殊疑问词短语。简单的主目语型特殊疑问词短语指的是两类特殊疑问词短语,它们不语类选择任何的名词短语充当补足语,例如"谁"和"什么",它们出现在例(18)的结构中;复杂的主目语型特殊疑问词短语指的是语类选择名词短语充当补足语的特殊疑问词短语，有时名词短语可以不显性出现，只要其能够在先行语小句中找到关联语，例如"谁的（东西）""谁的（朋友）""什么书"和"哪个（人）"，它们出现在例（19）的结构中。

（18）a. 小明喜欢一个人，但是我们不知道是谁。
　　　　Xiaoming loves a person, but we don't know who.
　　　b. 小明买了一样东西，但是我不知道是什么。
　　　　Xiaoming bought something, but I don't know what.
（19）a. 小红捡了一本书，但是她不知道是谁的（书）。
　　　　Xiaohong picked up a book, but she didn't know whose（book）.
　　　b. 小红遇到一位朋友，但是我们不知道是哪位（朋友）。
　　　　Xiaohong met a friend, but we don't know which（friend）.
　　　c. 小红收到一个礼物，但我们不知道是什么礼物。
　　　　Xiaohong received a gift, but we don't know what（gift）.

附加语型特殊疑问词短语可以分为简单的附加语型特殊疑问词短语和复杂的附加语型特殊疑问词短语。前者指一个完整的语言单位，不能在细分为更小的单位，例如"什么时候""什么地方""为什么""多贵"和"怎么样"，它们出现在例（20）的结构中；后者大多数为介词短语，通常选择特殊疑问词短语充当补足语，例如"跟谁""对哪个人""为了什么"及"用什么方法"，它们出现在例（21）的结构中。

（20）a. 小明想辞职，但是我们不知道是什么时候。
　　　　Xiaoming wants to resign, but we don't know when.
　　　b. 小红去了广州，但是我们不知道是为什么。
　　　　Xiaoming has gone to Guangzhou, but we don't know why.
　　　c. 小明买了一套房子，但是我不知道是哪里。
　　　　Xiaoming bought an apartment, but I don't know where.
　　　d. 房价越来越贵了，但是我们不知道是多贵。
　　　　The housing prices are becoming more and more expensive, but we don't know how expensive.

(21) a. 小红去了迪士尼乐园，但是我们不知道是跟谁。

Xiaohong has gone to the Disneyland, but we don't know with whom.

b. 小明朝一个人大喊，但是我不知道是朝谁。

Xiaoming shouted loudly to a person, but I don't know to whom.

c. 小明修好了自行车，但是我们不知道是用什么方法。

Xiaoming has repaired the bicycle, but we don't know with what kind of methods.

本小节回顾了 Wei 对截省句中特殊疑问词短语的分类。在修饰语与被修饰语存在谓语关系的基础上，Wei 总结了三类谓语关系，即修饰性谓语、介词性谓语及形容词性谓语。该分类能够为 Wei 的分析方法提供支持。与 Wei 的分类不同的是，笔者按照特殊疑问词短语内部结构的复杂程度，以及其句法功能将特殊疑问词短语分为四类，即简单的主目语型特殊疑问词短语、复杂的主目语型特殊疑问词短语、简单的附加语型特殊疑问词短语和复杂的附加语型特殊疑问词短语。该分类尽管不穷尽，但能够为本文的分析提供支撑。下一节将探讨汉语截省句中的"是"和"有"。

4.2.2 "是"和"有"的句法表现

"是"可以出现在汉语的许多句法结构中，通常作为连接两个主目语的系动词或者作为焦点标记，强调其线性序列后的成分，如例（22）所示。

(22) a. 我是一名大学教师。

I am a college teacher.

b. 小明是我的好朋友。

Xiaoming is my good friend.

c. 我是昨天提交的论文。

It was yesterday that I handed in the research paper.

Huang（1988）系统地分析了汉语"是"的特征和分布。Huang 认为，汉语中存在两种类型的"是"。具体而言,"是"可以充当二位谓词,表达等同意义或类属关系。当"是"表达等同意义时,两个主目语可以互换位置,不影响句子的意义和合法性,如例(23)所示。当表达"是"类属关系时,两个主目语不能互换,如例(24)所示。

(23) a. 我的老师是张先生。

   My teacher is Mr. Zhang.

   b. 张先生是我的老师。

   Mr. Zhang is my teacher.

(24) a. 马是一种动物。

   Horse is a kind of animals.

   b. *一种动物是马。

   A kind of animal is horse.

   (Huang 1988:44)

"是"也可以作为助动词,选择屈折词短语充当其补足语。作补足语的屈折词短语的主语可以提升至主句的 [Spec, IP] 或者滞留原位,从而生成分裂句,使"是"线性序列后的成分成为句子的焦点,如例(25)所示。

(25) a. 是张三明天到纽约去。

   It is Zhangsan that will go to New York tomorrow.

   b. 张三是明天到纽约去。

   It is tomorrow that Zhangsan will go to New York.

   (Huang 1988:44)

尽管例(25a)和例(25b)具有不同的表层结构,但二者的底层结构却是相同的。"是"在底层结构中原位生成于主句屈折词短语的中心语位置,选择另一个屈折词短语"张三明天到纽约去"充当其补足语,该屈折词短语的主语"张三"可以提升至主句的 [Spec, IP],从而生成例(25b),或者滞留原位,从而生成例(25a)。

Huang 还观察到,"是"可以出现在情态动词的前或后,例如"应该"和

"可能"。"是"可以谓语主句的中心语位置或者嵌入分句的中心语位置，从而使位于充当补足语的屈折词短语的主语发生提升。

(26) a. 应该是他到纽约去。

It is him that should go to New York.

b. 应该他是到纽约去。

It is to New York that he should go.

c. 他应该是到纽约去。

It is to New York that he should go.

(Huang 1988:52)

(27) a. 是应该他到纽约去。

It should be him that will go to New York.

b. 是他应该到纽约去。

It is him that should go to New York.

c. 他是应该到纽约去。

It is to New York that he should be going.

(Huang 1988:53)

主语"他"原位生成于充当补足语的屈折词短语"他到纽约去"的[Spec, IP]，位于该位置的主语"他"有三种选择：第一，是滞留原位，在线性序列上居于两个助动词之后，分别生成例（26a）和例（27a）；第二，是提升至过渡位置[Spec, IP]，从而居于两个助动词之间，生成例（26b）和例（27b）；第三，循序渐进地提升至主句的左缘位置，从而生成例（26c）和例（27c）。

至于"有"，Huang 认为，"有"与"是"具有类似的特征和分布，即"有"同时具有及物和不及物的用法。换言之，"有"可以作为二位谓词，表达所属的语义，如例（28）所示，也可以作为一位谓词，表达存在的语义，如例（29）所示。

(28) a. 我们有书。

We have books.

b. 他们有很多钱。

They have a lot of money.

（29）a. 有一本书放在桌子上。

There is a book on the table.

b. 有一个人打了张三。

There is a person who has beaten Zhangsan.

（Huang 1988:56）

尽管"是"和"有"都具有不及物动词的用法，"是"能够选择性地驱动其充当补足语的屈折词短语的主语进行提升。主语可以滞留原位或者提升至主句的 [Spec, IP]，如例（30a）和例（30b）所示。然而，"有"不能驱动相关主语提升至主句的 [Spec, IP]。汉语不允许无定名词作为句子的主语，如例（31b）所示，主语必须滞留原位，如例（31a）所示。

（30）a. 是小明昨天看了电影。

It is Xiaoming that watched the film yesterday.

b. 小明是昨天看了电影。

It is yesterday that Xiaoming watched the film.

（31）a. 有一个男人在客厅。

There is a man in the living room.

b. *一个男人有在客厅。

There is a man in the living room.

Cheung（2008, 2014）引用 Huang（1988）、Hoh 和 Chiang（1990）的观点，同时分析了"是"的句法属性。Cheung（2008, 2014）认为，"是"不应被当作焦点标记，而应该被看作一个屈折语素。"是"的功能与英语分裂句中的系动词 "be" 类似。换言之，"是"能够连接空虚主语和作为分裂句焦点的前置的特殊疑问词短语。具体表述如下所示：

（32）a. 是哪部电影，每个人都很喜欢？

Which film is it that everyone likes very much?

b. [$_{CP}$ [$_{IP}$ *pro*$_{exp}$ [I' *shi* be[$_{FocP}$ *wh*-phrase…[$_{IP}$ …]]]]

在例（32a）中，特殊疑问词短语"哪部电影"前置至句首位置，"是"居于其线性序列之前，连接位于 [Spec, IP] 的空虚主语和特殊疑问词短语。Cheung 也提出，"是"不影响其线性序列后的特殊疑问词短语的解读，因为特殊疑问词短语总是被当作等同焦点。

然而，笔者认为"是"具有两种主要功能。具体而言，"是"可以作为一个二元谓词，在假截省句中表达主语与宾语之间的等同意义，如例（33）所示。

（33）a. 小明买了一样东西，但是我们不知道（pro）是什么。
　　　　Xiaoming bought something, but we don't know what.
　　　b. 小红喜欢一个男生，但是我们不清楚（pro）是谁。
　　　　Xiaohong loves a boy, but we are not clear who.

在例（33a）和例（33b）中，"是"具有及物动词的用法，连接空主语 pro 和充当宾语的特殊疑问词短语。在以上情况下，"是"作为二元谓词必须显性出现在句子中。"是"也可以作为典型截省句中的焦点标记，原位生成于焦点短语的中心语位置。为了核查"是"所携带的 [+Foc] 强特征，典型截省句中的特殊疑问词短语可以被吸引移位至 [Spec, FocP]，或原位生成于 [Spec, FocP]。笔者认为截省—焦点假设能够作用于焦点短语的中心语。当语音式部门将焦点短语的补足语，即屈折词短语，当作删除的目标时，焦点短语的中心语将会一起被删略。因此，"是"面临两种选择：一是从焦点短语的中心语位置显性移位至语气词短语的中心语位置，从而不被删略并在线性序列上居前于特殊疑问词短语；二是居于原位，在语音式层面与屈折词短语一起被删略。

（34）a. 小明买了一本书，但是我们不知道 [$_{ForceP}$ [$_{FocP}$ [哪本书]$_i$ [Foc 是]] [$_{IP}$ 小明买了 t$_i$]].
　　　　Xiaoming bought a book, but we don't know which book.
　　　b. 小明买了一本书，但是我们不知道 [$_{ForceP}$ [Force 是]$_j$ [$_{FocP}$ [哪本书]$_i$ t$_j$] [IP 小明买了 t$_i$]].
　　　　Xiaoming bought a book, but we don't know which book.

4 汉语截省句的句法分析

（35）a. 小红发生车祸了，但是我们不知道 [ForceP [FocP [什么地方][Foc 是]] [IP 小红发生车祸了]].

Xiaohong had a car accident, but we don't know where.

b. 小红发生车祸了，但是我们不知道 [ForceP [Force 是]j [FocP [什么地方] tj] [IP 小红发生车祸了]].

Xiaohong had a car accident, but we don't know where.

例（34）和例（35）是典型的截省句。在例（34）中，充当主目语的特殊疑问词短语"哪本书"受"是"所携带的 [+Foc] 特征驱动，从谓语动词"买"的补足语位置显性移位至 [Spec, FocP]。在例（35）中，充当附加语的特殊疑问词短语"什么地方"原位生成于 [Spec, FocP]，焦点标记"是"原位生成于焦点短语的中心语位置，可以从焦点短语的中心语位置显性移位至语气词短语的中心语位置，也可以滞留在焦点短语的中心语位置。"是"的不同选择将会导致生成不同的句法结构。具体而言，如果"是"发生显性移位，"是"就不会在语音式层面被删略，从而在线性序列上居前于特殊疑问词短语，生成例（34b）和例（35b）。如果"是"滞留在焦点短语的中心语位置，"是"将会和其补足语在语音式层面被删略，从而生成例（34a）和（35a）。

笔者认为上述对"是"特征的分析能够为汉语典型截省句和假截省句中"是"的句法分布提供合理的解释。具体而言，"是"在假截省句中作为二元谓词连接主语和宾语，因此"是"必须出现在句中，否则将导致句子缺少谓语为不合格。在典型截省句中，"是"可以在特殊疑问词短语前强制出现或选择性出现。按照我们的假设，两种表面上截然不同的结构实际上由同样的底层结构派生而来，"是"可以经历显性移位，确保不被语音删略，或者滞留原位在语音式层面被语音删略。"是"的不同操作导致生成不同的句法结构。

至于"有"的特性，Huang（1988）认为"有"具有两种基本功能。"有"可以作为二元谓词，表达主语与宾语的领属关系。"有"还具有不及物动词的用法，表达存在意义。然而，除了上述的两种功能外，我们认为"有"也可以出现在假截省句中，其功能与英语中的助动词"do"相似。在假截省句中，"有"的线性序列之前有一个空代词"pro"，该空代词"pro"受到先行语小句中的关联语控制或与关联语的特征相关联。"有"之后跟随一个形容词短语，其中表达程度意义的特殊疑问词短语居于该形容词短语的标志语位置。需要注意的是,"有"出现的假截省句与"是"出现的假截省句存在差异。具体而言,"有"可以选择性出现,原因在于其线性序列后的形容词短语能够充当谓语,但"是"必须出现,因为其线性序列后的特殊疑问词短语,"谁"和"什么"都不能充当谓语,"是"的出现能够帮助它们实现谓语化。

(36) a. 房价越来越贵了,但是我们不清楚(pro)(有)多贵。
The housing price is becoming more and more expensive, but we are not clear how expensive.
b. 小明有一个弟弟,但是我不知道(pro)(有)多高。
Xiaoming has a younger brother, but we don't know how tall.
c. 与陌生人说话很危险,但是我们不知道(pro)(有)多危险。
Speaking to a stranger is very dangerous, but we don't know how dangerous.

在上述例子中,三个形容词短语,即"多贵""多高"和"多危险"都询问关联语特性的程度,如例(36a)关于住房的价格,例(36b)关于弟弟的身高,例(36c)关于与陌生人说话的危险程度。由于三个形容词短语均可以充当谓语,"有"可以选择出现。当"有"显性出现时,具有与英语助动词"do"类似的功能,对其显性序列后的形容词短语的语义不产生影响。

本小节探讨了"是"和"有"的句法属性。笔者赞同 Huang(1988)对"是"的分析,认为"是"具有及物和不及物用法。笔者认为"是"在假截省句中作为一个二元谓词,而在典型截省句中作为一个焦点标记。在后者中,"是"原位生成于焦点短语的中心语位置,受到截省—焦点假设限制。换言之,"是"可以从焦点短语的中心语位置移位至语气词短语的中心语位置,确保在语音式层面不被删略,"是"也可以滞留原位,同其补足语一起在语音式层面被删略。笔者认为,"有"除了能够表达领属意义和存在意义之外,也可以出现在特殊的假截省句中,其功能与英语中的助动词"do"类似。

4.2.3 典型截省句及假截省句的推导

汉语是特殊疑问词短语不移位语言。换言之，特殊疑问词短语滞留原位，不会在显性句法中移位至 [Spec, CP]，如例（37）所示。

（37）小明昨天买了什么？

What did Xiaoming buy yesterday?

现有文献中提出了几种关于特殊疑问词短语不移位的解释机制，主流的解释机制有逻辑式移位法（Huang 1982），句子类型标示假设（Cheng 1991），疑问算子分析（Aoun and Li 1993）及无选择性约束（Tsai 1994）。

正如 Tang（1988）和 Wu（1999）所指出的，特殊疑问词短语能够被前置到句子的左缘位置，如例（38）所示。

（38）[什么]$_i$，张三买了 t$_i$？

What did Zhangsan buy?

（Wu 1999:85）

Tang（1988）和 Wu（1999）认为，特殊疑问词短语"什么"从屈折词短语中的原位移位至 [Spec, TopP]，目的是核查强的话题特征，从而使所有特征在拼读前都得到核查。

Cheung（2008, 2014）认为特殊疑问词短语的前置是对比焦点化。按照 Cheung 的观点，前置的特殊疑问词短语被看作对比焦点，其线性序列前可以选择性地出现"是"，如例（39）所示。

（39）（是）什么东西，玛丽买了？

What thing is it that Mary bought?

（Cheung 2008:39）

Pan（2015）认为，前置的特殊疑问词短语可以看作话题或者焦点，二者可以通过原位生成或移位派生而来。因此，存在四种可能的组合，即原位生成的焦点、原位生成的话题、提取的焦点和提取的话题，如例（40）所示。

（40）a. [$_{TopP}$ [哪部电影]$_i$]，张三最不喜欢看 t$_i$?
Which film, Zhangsan doesn't like at all.

b. 是 [$_{FocP}$ [哪部电影]$_i$]，张三最不喜欢看 t$_i$?
Which film is it that Zhangsan doesn't like at all.

c. [$_{TopP}$ [哪个国家]]，你喜欢的大城市不多？
Which country, its big cities that you like are not many?

d. 是 [$_{FocP}$ [谁的表演]]，大家昨天都叫好？
Whose performance was it that everyone shouted "bravo!" yesterday?

（Pan 2015:3）

特殊疑问词短语可以通过显性移位，或原位生成出现在句子的左缘位置，从而在特殊疑问句中标记焦点或话题，特殊疑问词短语在截省句中也有可能通过原位生成或显性移位派生而来。

笔者在对特殊疑问词短语进行重新分类并探讨了"是"和"有"的句法属性的基础上，认为汉语存在假截省句和典型截省句，二者涉及不同的句法表征和句法推导。具体而言，简单的充当主目语的特殊疑问词短语，如"谁"和"什么"，出现在假截省句中，"是"在假截省句中必须出现，原因在于"是"作为等同动词，连接空主语"pro"和特殊疑问词短语。简单的充当附加语的特殊疑问词短语，通常作为形容词短语，例如"多贵""多高"和"多危险"，也出现在假截省句中，"有"连接特殊疑问词短语和空主语 pro，后者与先行语小句的关联语特征密切相关。"有"在该类假截省句中可以自由出现，因为充当附加语的特殊疑问词短语能够单独充当谓语。当"有"显性出现时，其功能与英语中的助动词"do"类似，不影响句子的语义解读。在典型截省句中，笔者认为复杂的充当主目语的特殊疑问词短语，复杂的充当附加语的特殊疑问词短语，简单的充当附加语的特殊疑问词短语（除了"怎么样"以外），以及与关联语特征密切相关的形容词短语都可以出现在典型截省句中。在典型截省句中，复杂的充当主目语的特殊疑问词短语经历焦点移位，来到 [Spec, FocP]。简单的和复杂的充当附加语的特殊疑问词短语原位生成于 [Spec,

FocP]。"是"的显性或隐性出现受到截省—焦点假设限制。语音式层面删略的句法操作必须得到 IP- 省略的焦点条件的允准。

对于假截省句的分析,笔者赞同 Wei（2004, 2009, 2011）的观点,认为汉语的截省句其实是假截省句,它是一个简单结构,由空主语"pro"、系动词"是"和特殊疑问词短语构成。特殊疑问词短语不发生任何移位,其内部也不存在任何结构。因此,在语音式层面也不涉及任何成分的删略。Wei 还提出,特殊疑问词短语的谓语属性决定"是"是否显性或隐性出现。具体而言,如果特殊疑问词短语能够充当谓语,那么"是"可以选择性出现；如果"是"显性出现,它将增加特殊疑问词短语的强调意义。如果特殊疑问词短语不能充当谓语,"是"必须强制出现,在句中充当等同动词并帮助特殊疑问词短语实现谓语化。空代词"pro"受到无定名词或事件的主目语的控制。

笔者认为只有简单的充当主目语的特殊疑问词短语,例如"谁"和"什么",以及与先行语小句中的关联语特征密切相关的简单的充当附加语的特殊疑问词短语,例如"多贵""多高"和"多危险",出现在假截省句中。此外,"是"在两个简单的充当主目语的特殊疑问词短语前强制出现。在简单的充当附加语的特殊疑问词短语前,"有"可以选择性出现,因为其线性序列后的充当附加语的特殊疑问词短语能够充当谓语。当"有"显性出现时,其具有与英语助动词"do"类似的功能。

（41）a. 小红喜欢移位男生,但是我不知道（pro）是谁。

　　　　Xiaohong likes a boy, but I don't know who.

　　b. 小明买了一个礼物,但是我们不清楚（pro）是什么。

　　　　Xiaoming bought a gift, but we are not clear what.

按照假截省句分析法,假截省句的核心结构由空代词"pro"、系动词"是"和特殊疑问词短语构成。在例（41a）中,由于特殊疑问词短语"谁"不能充当谓语,因此"是"强制出现,目的是帮助"谁"实现谓语化。按照普通控制规则（Huang 1984）,空代词"pro"受无定名词短语"一位男生"的控制,因此例（41a）的第二部分应解读为"我不知道那个男生是谁"。同理,在例（41b）中,"是"也强制出现,因为其线性序列后的特殊疑问词短语"什么"

也不能充当谓语。空代词"pro"指代先行语小句内的无定名词"一个礼物",因此例(41b)的第二部分应解读为"我不清楚那个礼物是什么"。

在涉及"有"的假截省句中,由于特殊疑问词短语能够充当谓语,因此"有"可以选择性出现。

(42) a. 房价越来越贵了,但是我们不知道(pro)(有)多贵。
Housing prices are becoming more and more expensive, but we don't know how expensive.
b. 小红有一个妹妹,但是我们不知道(pro)(有)多高。
Xiaohong has a younger sister, but we don't know how tall.
c. 爬山很危险,但是我们不清楚(pro)(有)多危险。
Mountain-climbing is very dangerous, but we are not clear how dangerous.

在上述三个例子中,"有"可以选择性出现,因为其线性序列后的特殊疑问词短语,即"多贵""多高"和"多危险"等,都能充当谓语。当"有"显性出现时,对句子的语义解读不产生任何影响,只会增加特殊疑问词短语的强调意义。此外,由于空代词"pro"受到先行语小句中无定名词的控制,空代词"pro"在例(42a)、例(42b)和例(42c)中分别指代"房价""妹妹的身高"和"爬山的危险程度"。因此,空代词"pro"将特殊疑问词短语和无定名词的特征联系起来。

除了假截省句之外,汉语还存在典型截省句。笔者认为,典型截省句与焦点密切相关。具体而言,在包含嵌入分句和否定词的典型截省句,以及包含主句的典型截省句中,复杂的充当主目语的特殊疑问词短语发生焦点移位,来到 [Spec, FocP],而充当附加语的特殊疑问词短语原位生成于 [Spec, FocP]。

我们先分析包含嵌入分句的典型截省句的生成过程。

(43) a. 小明喜欢一位女孩儿,但是我们不知道 [$_{ForceP}$ [$_{Force}$ 是]$_j$ [$_{FocP}$ [哪位女孩儿]$_i$ [$_{Foc}$ t$_j$] [$_{IP}$ ~~小明喜欢~~ t$_i$]]。
Xiaoming loves a girl, but we don't know which girl.
b. 小明喜欢一位女孩儿,但是我们不知道 [$_{FocP}$ [哪位女孩]$_i$ [$_{Foc}$ ~~是~~]

[~~IP~~ ~~小明喜欢 t_i~~]]。

Xiaoming loves a girl, but we don't know which girl.

（44）a. 小红养了五只猫，但是我们不知道 [ForceP [Force 是]_j [FocP [几只狗]_i [Foc ~~t_j~~] [~~IP~~ ~~小红养了 t_i~~]]。

Xiaohong raises five cats, but we don't know how many dogs.

b. 小红养了五只猫，但是我们不知道 [FocP [几只狗]_i [Foc ~~是~~] [~~IP~~ ~~小红养的 t_i~~]]。

Xiaohong raises five cats, but we don't know how many dogs.

（45）a. 小红喜欢一部电影，而且我知道 [ForceP [Force 是]_j [FocP [哪部电影]_i [Foc ~~t_j~~] [~~IP~~ ~~小红喜欢 t_i~~]]。

Xiaohong likes a film and I know which film.

b. 小红喜欢一部电影，而且我知道 [FocP [哪部电影]_i [Foc ~~是~~] [~~IP~~ ~~小红喜欢 t_i~~]]。

Xiaohong likes a film and I know which film.

（46）a. 小红要去广州，但是我们不清楚 [ForceP [Force 是]_j [FocP [什么时候] [Foc ~~t_j~~] [~~IP~~ ~~小红要去广州~~]]。

Xiaohong will go to Guangzhou, but we are not clear when.

b. 小红要去广州，但是我们不清楚 [FocP [什么时候] [Foc ~~是~~] [~~IP~~ ~~小红要去广州~~]]。

Xiaohong will go to Guangzhou, but we are not clear when.

（47）a. 小明修好了自行车，但是大家不知道 [ForceP [Force 是]_j [FocP [用什么方法] [Foc ~~t_j~~] [~~IP~~ ~~小明修好了自行车~~]]。

Xiaoming has repaired the bicycle, but none of us know with what method.

b. 小明修好了自行车，但是大家不知道 [FocP [用什么方法] [Foc ~~是~~] [~~IP~~ ~~小明修好了自行车~~]]。

Xiaoming has repaired the bicycle, but none of us know with what method.

按照我们的假设，在例（43）中，焦点标记"是"原位生成于焦点短语的中心语位置，吸引复杂的特殊疑问词短语"哪位女孩儿"从谓语动词"喜欢"的补足语位置移位至 [Spec, FocP]，从而核查强的 [+Foc] 特征。"是"可以从焦点短语的中心语位置移位至语气词短语的中心语位置，也可以滞留原位。如果"是"经历显性移位，其补足语将会在语音式层面被删略。该生成过程的删略操作得到了允准，原因在于 IP-省略的焦点条件得到了满足。IP_E 的焦点封闭可以表述为 "Focus-clo（IP_E）= $\exists$x. 小明喜欢 x"，IP_A 的焦点封闭可以表述为 "Focus-clo（IP_A）= $\exists$x. 小明喜欢 x"，IP_E 和 IP_A 互相蕴含对方的焦点封闭，从而生成例（43a），"是"在线性序列上居前于特殊疑问词短语。如果"是"滞留原位，按照截省—焦点假设和额外删除假设，"是"及其补足语将在语音式层面被删略，从而生成例（43b）。

例（44）是对比截省句，其生成过程与例（43）的生成过程类似。特殊疑问词短语"几只狗"发生焦点移位，来到 [Spec, FocP]。"是"可以经历中心语移位，从焦点短语的中心语位置来到语气词短语的中心语位置，或者"是"也可以滞留原位。然而，在例（44）中，IP-省略的焦点条件得到满足的方式与例（43）稍微存在差异。具体而言，名词性表达"五只猫"被当作第一部分的焦点，"几只狗"被当作第二部分的焦点。因此，IP_E 的焦点封闭可以表述为 "Focus-clo（IP_E）= $\exists$x. 小明养了 x"，IP_A 的焦点封闭可以表述为 "Focus-clo（IP_A）= $\exists$x. 小明养了 x"。由于 IP_E 和 IP_A 互相蕴含对方的焦点封闭，IP_E 在语音式层面被删略就得到了允准。至于"是"的句法位置，如果"是"发生显性移位，将在线性序列中居前于特殊疑问词短语，从而生成例（44a）；如果"是"滞留原位，它将同其补足语一起被删略，从而生成例（44b）。

例（45）是典型的截省句，包含嵌入分句但不包括否定词。例（45）的生成过程与例（43）和例（44）类似，其中复杂的充当主目语的特殊疑问词短语"哪部电影"经历焦点移位，来到 [Spec, FocP]，"是"在例（45a）中从焦点短语的中心语位置移位至语气词短语的中心语位置，而"是"在例（45b）中滞留原位，从而解释了语音式层面进行删略操作时，"是"在两个例子中的隐现规律。

在例（46）和例（47）中，简单的充当附加语的特殊疑问词短语"什么时候"和复杂的充当附加语的特殊疑问词短语"用什么方法"都原位生成于 [Spec, FocP]，并与各自先行语小句中的隐性的关联语，即"某个时候"和"用某种方法"相关联。"是"可以滞留原位或发生显性移位。由于例（46）和例（47）都满足 IP-省略的焦点条件，同时 IP_E 和 IP_A 互相蕴含对方的焦点封闭，IP_E 在语音式层面的删略也得到了允准。在例（46a）和例（47a）中，"是"发生中心语移位，因此在线性序列上居前于特殊疑问词短语，而在例（46b）和例（47b）中，"是"滞留原位，在语音式层面与其补足语一起被删略。

目前，我们分析了两种简单的充当主目语的特殊疑问词短语，即"谁"和"什么"，以及与先行语小句内的关联语特征密切相关的简单的充当附加语的特殊疑问词短语，它们都出现在假截省句中。复杂的充当主目语的特殊疑问词短语、复杂的充当附加语的特殊疑问词短语及简单的充当附加语的特殊疑问词短语出现在典型截省句中。但是，有一个例外是：简单的充当附加语的特殊疑问词短语"怎么样"既不能出现在假截省句中，也不能出现在典型截省句中。

（48）a. * 小明通过了面试，但是我们不知道 [$_{FocP}$ [怎么样] [$_{Foc}$ 是]$_j$[$_{IP}$ 小明通过了面试]。

　　　Xiaoming has passed the interview, but we don't know how.

　　b. * 小明通过了面试，但是我们不知道 pro（是）怎么样。

　　　Xiaoming has passed the interview, but we don't know how.

（49）a. 小明通过了面试，但是我们不知道怎么样通过了面试。

　　　Xiaoming has passed the interview, but we don't know how.

　　b. 小明通过了面试，但是我们不知道 [$_{FocP}$ [用什么方法] [$_{Foc}$ 是]$_j$[$_{IP}$ 小明通过了面试]]。

　　　Xiaoming has passed the interview, but we don't know with what methods.

例（48a）和例（48b）表明，简单的充当附加语的特殊疑问词短语"怎么样"既不能出现在典型截省句中，也不能出现在假截省句中。相比而言，例（49a）和例（49b）与例（48）具有相同的语义解读。在例（49a）中，充当附加语的特殊疑问词短语"怎么样"嫁接在动词短语"通过了面试"上。在例（49b）中，"怎么样"被替换成了介词短语"用什么方法"。我们的假设可以解释为什么"怎么样"在典型截省句中不合格。按照我们的假设，特殊疑问词短语被认为是焦点，可以发生焦点移位，来到 [Spec, FocP]，或者原位

生成于 [Spec, FocP]。这样的话，充当附加语的特殊疑问词短语"怎么样"不可能被焦点化，如例（50）所示。

（50）a. 小明（是）怎么样通过了面试？
　　　　How did Xiaoming pass the interview?
　　b. *是怎么样小明通过了面试？
　　　　How did Xiaoming pass the interview?

在例（50a）中，"怎么样"可以滞留原位，在线性序列上居后于焦点标记"是"。然而，例（50b）表明，"怎么样"不能被前置，并出现在屈折词短语左缘的焦点位置。因此，"怎么样"不能出现在典型截省句中，在该结构中，特殊疑问词短语经历焦点移位，出现在焦点位置。此外，"怎么样"出现在假截省句例（48b）中也不合格，原因在于空代词"pro"无法在先行语小句中找到可能的关联语，导致关联语、空代词"pro"和充当附加语的特殊疑问词短语之间无法建立关联。因此，"怎么样"既不能出现在典型截省句中，也不能出现在假截省句中。

至于有主句的典型截省句，Merchant（2004）认为，片段句是完整的句法结构经历省略的结果。因此，例（51a）由例（51b）推导而来，其中名词短语发生显性移位，其线性序列后的成分在语音式层面被删略。

（51）a. Who did John love?
　　b. [FocP [Mary]ᵢ [IP John loved tᵢ]].

在例（51b）中，名词短语"Mary"从谓语动词"love"的补足语位置移位至 [Spec, FocP]，随后屈折词短语在语音式层面被删略，从而生成合格的片段句。在 Merchant 对片段句分析的基础上，我们可以假设在只包含主句的典型截省句中，特殊疑问词短语并非孤立的成分，而是由具有完整句法结构经历移位和删略推导而来。

（52）a. ——小明喜欢一位女孩儿。
　　　　Xiaoming loves a girl.

4 汉语截省句的句法分析

——[$_{FocP}$ [哪位女孩儿]$_i$ f$_{Foc}$ 是+][$_{IP}$ 小明喜欢 t$_i$]]?
Which girl?

b.——小明喜欢一位女孩儿。
Xiaoming loves a girl.
——[$_{ForceP}$ [Force 是]$_j$ [$_{FocP}$ [哪位女孩儿]$_i$ f$_{Foc}$ t$_j$]+[$_{IP}$ 小明喜欢 t$_i$]]?
Which girl?

(53) a.——小红买了一套房子。
Xiaohong bought an apartment.
——[$_{FocP}$ [什么地方] f$_{Foc}$ 是+][$_{IP}$ 小红买了一套房子]]?
Where?

b.——小红买了一套房子。
Xiaohong bought an apartment.
——[$_{ForceP}$ [Force 是]$_j$ [$_{FocP}$ [什么地方] f$_{Foc}$ t$_j$]+[$_{IP}$ 小红买了一套房子]]?
Where?

在例（52）中，复杂的充当主目语的特殊疑问词短语"哪位女孩儿"表面上看上去是一个孤立的片段成分，但是按照我们的假设，该特殊疑问词短语是完整句子结构的一部分，其中特殊疑问词短语发生显性移位，其线性序列后的成分在语音式层面被删略。具体而言，"是"原位生成于焦点短语的中心语位置，吸引特殊疑问词短语发生焦点移位，来到 [Spec, FocP]。"是"可以滞留原位或者发生中心语移。如果"是"滞留原位，它将和其补足语一起在语音式层面被删略，如例（52a）所示；如果"是"发生中心语移位，它将在线性序列上居前于特殊疑问词短语，如例（52b）所示。

在例（53）中，充当附加语的特殊疑问词短语"什么地方"并非孤立成分。笔者认为，特殊疑问词短语原位生成于 [Spec, FocP]，其线性序列后存在一个屈折词短语。"是"原位生成于焦点短语的中心语位置，可以滞留原位或发生中心语移位。在语音式层面，屈折词短语及位于焦点短语中心语位置的成分将被删略，从而生成合格的截省句。

4.2.4 小结

本节探讨了汉语截省句的句法推导及相关话题。首先，笔者按照特殊疑问词短语的句法功能和内部结构进行了重新分类。其次，笔者提出，"是"在假截省句中作为二元谓词，在典型截省句中作为焦点标记。"有"除了能够表达领属意义和存在意义之外，还可以出现在特殊的假截省句中，其功能与英语助动词"do"类似。最后，笔者详细分析了典型截省句和假截省句的句法推导。简单的充当主目语的特殊疑问词短语，即"谁"和"什么"出现在假截省句中，"是"必须强制出现，目的是助不能充当谓语的特殊疑问词短语实现谓语化。与先行语小句中的关联语特征密切相关的简单的充当附加语的特殊疑问词短语也出现在假截省句中。复杂的充当主目语的特殊疑问词短和其他充当附加语的特殊疑问词短语出现在典型截省句中。充当主目语的特殊疑问词短语发生焦点移位，来到 [Spec, FocP]，充当附加语的特殊疑问词短语原位生成于 [Spec, FocP]。"是"原位生成于焦点短语的中心语位置，可以滞留原位或发生中心语移位。在语音式层面，按照 IP- 省略的焦点条件、截省—焦点假设和额外删略假设，屈折词短语，以及位于焦点短语中心语位置的成分将被删略，从而生成合格的典型截省句。

4.3 句法岛效应

本小节将探讨与英汉截省句分析密切相关的句法岛效应。笔者将首先探讨句法岛效应，然后聚焦典型截省句与句法岛效应的关系。

4.3.1 理论基础

Ross（1969）指出，如果一个节点发生移位移出了句法岛，那么该移位会导致生成不合格的句子。然而，如果句法岛节点不出现在表层结构中，那么移位所受到句法岛效应的影响程度将有所降低。

（54）并列结构限制

    a. *Irv and someone were dancing together, but I don't know who Irv and ___ were dancing together.

b. Irv and someone were dancing together, but I don't know who.

（55）复杂名词短语限制

a. *I believe the claim that he bit someone, but they don't know who I believe the claim that he bit ___.

b. I believe the claim that he bit someone, but they don't know who.

（56）主语从句限制

a. *That he'll hire someone is possible, but I won't divulge who that he'll hire ___ is possible.

b. That he'll hire someone is possible, but I won't divulge who.

（Ross 1969:22）

以上例子都包含句法岛。在句子生成过程中，例（54a—56a）中的特殊疑问词短语分别移出了并列结构岛、复杂名词短语岛和主语从句岛，从而导致生成不合格的句子。值得注意的是，在例（54b—56b）中，尽管特殊疑问词短语也移出了句法岛，但所生成的截省句确实合格的。换言之，截省句的生成能够修复句法岛，产生句法岛效应。

Ross 非常谨慎地指出，截省句的生成能修复对句法岛效应的违反。Ross 认为，截省句并非完全不受句法岛效应的影响。也就是说，截省句仍然受到一些句法岛的限制。然而，Merchant（2001）却认为，截省句完全不受句法岛效应影响。

（57）关系从句岛

a. *They want to hire someone who speaks a Balkan language, but I don't remember which Balkan language they want to hire someone who speaks.

b. They want to hire someone who speaks a Balkan language, but I don't remember which.

（Merchant 2001:87）

（58）附加语标句词短语岛

a. *Ben will be mad if Abby talks to one of the teachers, but she couldn't remember which Ben will be mad if she talks to.

b. Ben will be mad if Abby talks to one of the teachers, but she couldn't remember which.

（Merchant 2001:88）

（59）主语从句岛

a. *That certain countries would vote against the resolution has been widely reported, but I'm not sure which countries that would vote against the resolution has been widely reported.

b. That certain countries would vote against the resolution has been widely reported, but I'm not sure which ones.

（Merchant 2001:89）

Merchant 将与省略密切相关的句法岛分为三类：语义或语用意义的弱岛，可以通过语音式层面删略消除的岛，以及涉及命题域成分移出的岛。Merchant 认为，后两种岛是句法岛，包括关系从句岛、主语从句岛、附加语岛、嵌入分句疑问句、并列结构岛、左分支条件等。Merchant 赞同截省句涉及移位和删略操作的观点，但他认为特殊疑问词短语位于嵌入分句中，并且经历循序渐进式移位，跨越了句法岛。当句法岛存在时，特殊疑问词短语发生局部移位。因此，移位没有跨越任何句法岛，也没有违反任何移位限制，所以生成的句子仍然是合法的。

（60）a. *They want to hire someone who speaks a Balkan language, but I don't remember which Balkan language they want to hire someone who speaks.

b. They want to hire someone who speaks a Balkan language, but I don't remember which ~~he speaks~~.

（61）a. *Mary will be mad if Abby talks to one of the teachers, but she couldn't remember which Ben will be mad if she talks to.

b. Mary will be mad if Abby talks to one of the teachers, but she couldn't remember which ~~Abby talks to~~.

（62）a. *That certain countries would vote against the resolution has been widely reported, but I'm not sure which countries that would vote against the resolution has been widely reported.

b. That certain countries would vote against the resolution has been widely reported, but I'm not sure which ones ~~would vote against the resolution~~.

例（60a～62a）中，特殊疑问词短语分别跨越了关系从句岛、附加语岛和主语从句岛，导致生成的句子不合法。然而，在例（60b～62b）中，由于不存在任何句法岛，特殊疑问词短语的移位遵循局域性原则，因此生成的句子都是合法的。

4.3.2 句法岛效应及汉语典型截省句的分析

由于英语截省句具有岛修复效应，因此需要回答汉语截省句是否也具有岛修复效应。本小节将探讨汉语典型截省句是否也受到句法岛的影响，以及对相关显性提供合理的解释。

首先，我们分析主语从句岛，该岛限制指任何成分都不能从主语从句内移出。

（63）a. 某些国家将投票反对这项决议已经被报道了，但是媒体没有透露哪些国家。

That some countries will vote against this resolution has been reported, but the media haven't revealed which countries.

b. 某些国家将投票反对这项决议已经被报道了，但是媒体没有透露 [$_{FocP}$[哪些国家]$_i$ [$_{IP}$ t$_i$ ~~将投票反对这项决议~~]]。

That some countries will vote against this resolution has been reported, but the media haven't revealed which countries.

（64）a. 美国将退出中程导弹条约已经被媒体曝光了，但是媒体没有公布什么时候。

That U.S. will withdraw from the intermedium range missile treaty has been exposed by the media, but the media didn't publicize when.

b. 美国将退出中程导弹条约已经被媒体曝光了，但是媒体没有公布 [~FocP~[什么时候] [~IP~ ~~美国将退出中程导弹条约~~]]。

That U.S. will withdraw from the intermedium range missile treaty has been exposed by the media, but the media didn't publicize when.

例（63a）和例（64a）表明，汉语典型截省句不受主语从句岛限制，因为即使句子中存在主语从句岛，但生成的句子仍然合法。笔者认为，例（63）中复杂的充当主目语的特殊疑问词短语"哪些国家"发生了局部移位，从不包含任何句法岛的屈折词短语内来到 [Spec, FocP]。随后，充当补足语的屈折词短语在语音式层面被删略。同理，例（64）中充当附加语的特殊疑问词短语"什么时候"原位生成于 [Spec, FocP]，其线性序列后同样选择一个不包含句法岛的屈折词短语。该屈折词短语在语音式层面被删略，从而生成合法的截省句。

其次，我们分析汉语典型截省句是否受到同位语岛的影响。

（65）a. 小明昨天突然去了广州的消息出乎我们的以外，而且我们不知道跟谁。

The news that Xiaoming has suddenly gone to Guangzhou is out of our expectation, and we don't know with whom.

b. 小明昨天突然去了广州的消息出乎我们意料，而且我们不知道 [~FocP~ [跟谁] [~IP~ ~~小明昨天突然去了广州~~]]。

The news that Xiaoming has suddenly gone to Guangzhou is out of our expectation, and we don't know with whom.

（66）a. 小红想辞职的打算已经很久了，但是大家都不清楚为什么。

The plan that Xiaohong wants to resign has been long, but none of us is clear why.

b. 小红想辞职的打算已经很久了，但是大家都不清楚 [~FocP~ 为什么 [~IP~ ~~小红想辞职~~]]。

The plan that Xiaohong wants to resign has been long, but none of us is clear why.

4 汉语截省句的句法分析

例（65）和例（66）表明，典型截省句同样不受同位语从句岛限制。笔者认为，复杂的充当附加语的特殊疑问词短语"跟谁"和简单的充当附加语的特殊疑问词短语"为什么"都原位生成于 [Spec, FocP]，其线性序列后分别选择不包含同位语从句岛的屈折词短语。由于屈折词短语与其先行语小句满足局部等同，因此屈折词短语在语音式层面的删略得到允准，从而生成例（65）和例（66）的句法结构。

再次，我们分析汉语截省句是否受并列结构限制的影响。

(67) a. 小明买了一些苹果和梨，但是我们不知道哪种梨。

Xiaoming bought some apples and pears, but we don't know which type of pears.

b. 小明买了一些苹果和梨，但是我们不知道 [$_{FocP}$ [哪种梨]$_i$ [$_{IP}$ ~~小明买了 t$_i$~~]]。

Xiaoming bought some apples and pears, but we don't know which type of pears.

(68) ? 小明要去北京，小红要去广州，但是我们不知道为什么。

Xiaoming will go to Beijing and Xiaohong will go to Guangzhou, but we don't know why.

在例（67）中，两个名词短语"苹果"和"梨"由连接词"和"连接。例（67）是合格的典型截省句。例（67）的合法性似乎不受并列结构限制的影响。笔者认为，复杂的充当主目语的特殊疑问词短语"哪种梨"充当谓语动词"买"的补足语，包含该成分的屈折词短语内不存在连接词"和"及另一个名词短语"苹果"。换言之，屈折词短语内不存在并列结构限制。随后，特殊疑问词短语发生焦点移位，来到 [Spec, FocP]，充当补足语的屈折词短语在语音式层面被删略，从而生成合格的例（67）。例（68）也是典型的汉语截省句，但例（68）具有歧义，既可以表达"我们不知道为什么小红要去广州"，也可以表达"我们不知道为什么小明要去北京及小红要去广州"。然而，例（68）不能表达"我们不知道为什么小明要去北京"。并列结构限制似乎对例（68）的两种可能的解读不产生任何影响。笔者认为，正是并列结构与特殊疑问词短语的"关联"决定了典型截省句的语义解读。换言之，当特殊疑问词短语的线性序列前有两个并列结构时，特殊疑问词短语可以与离其最近的结构相关联，或者与两个并列结构作为一个整体相关联，但不能与另一个并列结构相关联，该并列结构与特殊疑问词短语之间还存在一个潜在的结构。

最后，我们探讨汉语典型截省句是否受到关系从句岛的影响。

（69）a. 小明看见送给小红一个礼物的男人，但是我们不知道什么礼物。

Xiaoming saw the man who gave Xiaohong a gift, but we don't know what gift.

b. 小明看见送给小红一个礼物的男人，但是我们不知道 [$_{FocP}$ [什么礼物]$_i$ [$_{IP}$ 那位男人送给小红 t$_i$]].

Xiaoming saw the man who gave Xiaohong a gift, but we don't know what gift.

例（69）表明，复杂的充当主目语的特殊疑问词短语"什么礼物"并不受关系从句的影响。作者认为，特殊疑问词短语位于屈折词短语内，该屈折词短语并不包含任何关系从句岛。换言之，特殊疑问词短语发生的焦点移位没有违反任何关于成分从句法岛移出的限制。特殊疑问词短语线性序列后的屈折词短语与先行语小句满足局部语义等同，IP-省略的焦点条件得到了满足，屈折词短语在语音式层面的删略也得到了允准。

充当附加语的特殊疑问词短语与关系从句岛的关系相对较复杂。

（70）小明想采访那位出席中国国际进口博览会的官员，但是我们不清楚为什么。

Xiaoming wants to interview the official who attended China International Import Exposition, but we are not clear why.

例（70）可能会有两种语义解读。特殊疑问词短语可能与主句相关联，生成的典型截省句的语义解读可以表达为"我们不清楚为什么小明想采访那位出席中国国际进口博览会的官员"。此外，特殊疑问词短语也可能与关系从句相关联，生成的典型截省句的语义解读可以表达为"我们不清楚为什么那位官员出席中国国际进口博览会"。根据我们的语感，例（70）只具有第一种语义解读而没有第二种语义解读。换言之,特殊疑问词短语"为什么"只能与例(70)的主句相关联。需要回答的问题是我们能否在不违反任何移位限制的前提下获得第二种语义解读。当特殊疑问词短语的关联语在关系从句中显性出现时,截省句中的特殊疑问词短语就能与显性关联语相关联,如例(71)所示。

(71) 小明想采访那位为了某种原因出席中国国际进口博览会的官员,但是我们不清楚为了什么原因。
Xiaoming wants to interview the official who attended China International Import Exposition for a certain reason, but we are not clear for what reason.

例(71)表明,特殊疑问词短语"为了什么原因"与关系从句中的显性关联语相关联,所生成的典型截省句的语义解读则可以表达为"我们不清楚为了什么原因那位官员出席中国国际进口博览会"。

4.3.3 小结

综上所述,复杂的充当主目语的特殊疑问词短语似乎不受关系从句岛的影响,位于特殊疑问词短语线性序列后的屈折词短语与先行语小句满足局部等同条件。充当附加语的特殊疑问词短语受到关系从句岛的影响。具体而言,当句子中不存在任何句法岛时,充当附加语的特殊疑问词短语既可以与主句相关联,也可以与嵌入分句相关联。当句子中存在句法岛,而该句法岛不包含任何显性关联语时,充当附加语的特殊疑问词短语只能与主句相关联,但当关联语显性出现时,充当附加语的特殊疑问词短语就能够与关系从句相关联,并具有嵌入分句的语义解读。

充当主目语的特殊疑问词短语和充当附加语的特殊疑问词短语在受到关系从句岛影响方面存在差异,导致该差异的原因可以解释为关系从句岛对复杂的充当主目语的特殊疑问词短语不产生任何影响,原因在于特殊疑问词短语位于屈折词短语内,该屈折词短语与先行语小句满足局部等同条件,特殊疑问词短语的移位遵循循序渐进原则,没有违反任何句法岛限制。然而,关系从句对充当附加语的特殊疑问词短语确实产生了阻碍效应。具体而言，当关系从句内的关联语是隐性时，阻碍效应将会阻止充当附加语的特殊疑问词短语与嵌入分句相关联。当关联语在关系从句中显性出现时，阻碍效应将不起作用，从而使充当附加语的特殊疑问词短语能够与关系从句相关联。

4.4 汉语截省句中特殊疑问词前置的特征

一般而言，汉语应具有主谓宾语序，即主语位于动词之前，动词位于宾语之前，如例（72）所示。

（72）小明喜欢小红。

　　　Xiaoming loves Xiaohong.

在多数情况下，从句中的名词短语、动词短语、介词短语及副词短语可以出现在句子的左缘位置，如例（73）所示。

（73）a. [NP 小红]，小明很喜欢。

　　　　Xiaohong, Xiaoming loves.

　　　b. [NP 这个人]，小明很讨厌。

　　　　This person, Xiaoming hates very much.

　　　c. [VP 说别人的坏话]，小明不赞成。

　　　　Speaking ill of others, Xiaoming does not approve of.

　　　d. [PP 在椅子上]，小明放了一本书。

　　　　On the table, Xiaoming put a book.

　　　e. [AdvP 昨天下午]，小明捡了一个钱包。

　　　　Yesterday aternoon, Xiaoming picked up a purse.

Xu 和 Langendoen（1985）认为，被前置到句子左缘位置的成分可以看作话题，位于 [Spec, TopP]，其余成分充当述题。Xu 和 Langendoen 指出，无论是位于主目语位置还是位于非主目语位置的名词短语都可以被话题化。此外，其他语类，例如，屈折词短语和标句词短语，也可以出现在话题位置，如例（74）所示。

（74）a. [~NP~ 这些话]，我不相信。
These words, I don't believe.
b. [~IP~ 他会说这些话]，我不相信。
That he could have said these words, I don't believe.
c. [~CP~ 这些话他会说]，我不相信。
That these words he could have said, I don't believe.

在多数情况下，位于 [Spec, TopP] 的名词短语与述题中的空位密切相关。名词短语从原位移位至 [Spec, TopP]，并在原位留下语迹。因此，前置的名词短语与语迹具有连接效应（connectivity effect）。在例（75）中，名词短语"这件事"原位生成于谓语动词"做"的补足语位置，随后移位至 [Spec, TopP]，并与原位的语迹建立关联。

（75）[这件事]$_i$，小明不敢做 __t_i__ 。
This thing, Xiaoming dare not do.

此外，述题中的空位置也可以被代词填充，该代词与位于话题短语标志语位置的名词短语同标，如例（76）所示。

（76）[这个人]$_i$，小明不喜欢他$_i$。
This person$_i$, Xiaoming doesn't like him$_i$.

Chafe（1976）与 Xu 和 Langendoen（1985）指出，述题部分可以包含一个空位置或者包含一个与话题相关的代词成分，述题部分也可以不包含任何与话题相关的成分。在这种情况下，话题部分与述题部分的关联松散，话题成分无法通过显性移位推导而来，因为述题部分不存在话题成分的原位。因此，该话题成分一定是原位生成于话题位置，如例（77）所示。

（77）a. 十个苹果，两个坏了。

Out of ten apples, two has spoiled.

b. 花，小明最喜欢栀子花。

As for flowers, Xiaoming likes gardenia most.

c. 这所大学，学英语的学生不多。

In this university, there are not many students who study English.

d. 昨天早上，小明七点起床。

Yesterday morning, xiaoming got up at 7 o'clock.

以上例子表明，通常位于屈折词短语内的成分也可以出于标记话题的目的出现在句子左缘结构。各种成分均可以出现在屈折词短语的左缘位置，那么特殊疑问词短语是否也可以前置到句首位置？

汉语是典型的疑问词非移位语言，特殊疑问词短语通常位于原位，而不是显性移位至 [Spec, CP]，如例（78）所示。

（78）a. 小明买了什么？

What did Xiaoming buy?

b. 小红遇见了谁？

Who did Xiaohong meet?

从普遍语法的角度看，特殊疑问词短语是否移位由具体语言的特征决定。因此，按照特殊疑问词短语是否在显性句法发生移位，语言大致可以分为以下四类：疑问词移位语言、部分疑问词移位语言、多重疑问词移位语言和非疑问词移位语言。英语是典型疑问词疑问语言，其中特殊疑问词短语从原位显性移位至 [Spec, CP]。在马来西亚语和伊拉克阿拉伯语中，一些特殊疑问词短语发生显性移位，而另一些特殊疑问词短语则不发生显性移位。波兰语和保加利亚语是多重疑问词移位语言，即该语言允许两个或两个以上的特殊疑问词短语同时发生显性移位。在汉语、韩语和日语中，特殊疑问词短语滞留原位。因此，需要回答的问题是：在汉语中，特殊疑问词短语是否也与英语中的特殊疑问词短语一样发生显性移位？

在现有文献中，有很多关于汉语特殊疑问词短语前置特征的分析。Huang

（1982）认为，汉语特殊疑问词短语在显性句法不发生移位，而是在逻辑式层面发生移位。Huang 提供了四点证据支撑，即选择要求、逻辑式层面的局部效应、弱跨越效应和特殊疑问词短语域。具体而言，关于选择要求，Huang 认为，动词的选择要求在英汉语中表现一致。例如，英语动词，如"think"和"believe"，不选择带疑问意义的补足语，而其他动词，如"wonder"和"ask"，则选择带疑问意义的补足语。此外，像"know"之类的动词可以选择性地接带疑问意义的补足语。在汉语中，动词"相信"要求不带疑问意义的成分充当其补足语；动词"问"要求带疑问意义的成分充当其补足语；动词"知道"可以选择带疑问意义的补足语，也可以选择不带疑问意义的补足语。

（79）小明相信小红买了什么。

  What does Xiaoming believe that Xiaohong bought?

（80）小明问我小红买了什么。

  Xiaoming asked me what Xiaohong bought.

（81）小明知道小红买了什么书。

  a. Xiaoming knows what book Xiaohong bought.

  b. What book does Xiaoming know Xiaohong bought?

  英汉语中动词的选择限制都以相似的方式得到满足，Huang 提出汉语特殊疑问词短语在逻辑式层面移位至标句词短语的标志语位置，正如英语特殊疑问词短语在显性句法发生移位，来到标句词短语的标志语位置。

  至于逻辑式层面的局部效应，Huang 认为有些滞留原位的特殊疑问词短语的确表现出局部效应。换言之，当句子存在句法岛效应时，会出现主目语—附加语不一致的现象。具体而言，充当主目语的特殊疑问词短语违反句法岛效应是能够得到允准的，而充当附加语的特殊疑问词短语不允许违反句法岛效应。该不一致现象为 Huang 认为的汉语特殊疑问词短语在逻辑式层面发生移位的观点提供了支撑。此外，Huang 还指出，特殊疑问词短语在逻辑式层面发生的移位能够在移出的位置创造变量，该变量受到空语类原则（Empty Category Principle）约束。空语类原则允许主目语从句法岛移出，但不允许附加语从句法岛移出，因为空语类原则要求语迹必须得到严格管辖。换言之，语迹必须得到题元管辖或先行语管辖。

（82）小明问我谁买了什么。
　　　a. 什么小明问我谁买了？
　　　b. 谁小明问我买了什么？
（83）小明问我谁为什么离开了。
　　　a. 谁小明问我为什么离开？
　　　b. *为什么小明问我谁离开？

在例（82）中，充当主目语的特殊疑问词短语"谁"和"什么"能够移出特殊疑问词短语岛，因为它们移位留下的语迹得到了题元管辖。因此，例（82）具有两种语义解读。例（83）只具有例（83a）的语义解读，因为充当主目语的特殊疑问词短语"谁"移位后留下的语迹得到了题元管辖，从而遵守了空语类原则。例（83）之所以不能具有例（83b）的语义解读，是因为充当主目语的特殊疑问词短语"谁"阻碍了充当附加语的特殊疑问词短语"为什么"移位后的语迹得到先行语管辖，从而违反了空语类原则。

至于弱跨越效应，Huang 认为，弱跨越效应同时也能为特殊疑问词短语在逻辑式层面的移位提供支撑。

（84）*喜欢他$_i$的人看到谁$_i$？
　　　*Who$_i$ did the person that liked him$_i$ see?

如果特殊疑问词短语的移位发生在逻辑式层面，那么例（84）应具有例（85）的表征。

（85）*谁$_i$喜欢他$_i$的人看到 t$_i$？
　　　*Who$_i$ did the person that liked him$_i$ see?

然而，例（85）不合法，原因在于特殊疑问词短语"谁"的移位跨越了与其同指的代词，导致生成的句子违反了左边条件（Leftness Condition），即一个变量或一个特殊疑问词短语语迹不能与位于其左边的代词同指。

至于特殊疑问词短语的域，Huang 认为，当特殊疑问词短语与句子中的数量词共现时，无论特殊疑问词短语具有怎样的句法位置，前者总是占据宽域，而后者总是占据窄域。

（86）a. 谁看到了每个东西？
　　　　Who saw everything?
　　　b. 每个人都看到了什么东西？
　　　　What did everyone see?

例（86a）不具有歧义，原因在于特殊疑问词短语"谁"总是占据宽域，数量词短语"每个东西"占据窄域。然而，例（86b）是一个歧义句，因为数量词短语"每个人"或者特殊疑问词短语"什么东西"都可以占据宽域，从而生成两种不同的语义解读。当特殊疑问词短语"什么东西"占据宽域时，那它一定是在逻辑式层面发生了移位，该移位与英语特殊疑问词短语在显性句法发生移位类似。

Huang（1982）认为，汉语中的特殊疑问词短语的移位发生在逻辑式层面。该逻辑式移位分析能够为主目语和谓语，以及主目语和附加语的不一致现象提供解释。然而，Xu（1990）认为，Huang（1982）的分析存在缺乏支撑数据及探讨复杂化的问题。Xu（1990）指出，主目语和谓语的不一致现象完全可以通过简单的语义分析来进行解释，该语义分析不仅优于空语类原则，而且能够覆盖更多的语言事实。

Aoun 和 Li（1993，1992）认为，尽管 Huang（1982）的分析很有说服力，但可以从其他语言事实中得出完全不同的结论。换言之，汉语中的特殊疑问词短语并非发生了 Huang 提出的逻辑式移位，而是它们始终位于原位。Aoun 和 Li（1993）提出的主要论据在于副词"只"与位于原位的特殊疑问词短语的关联。副词"只"能够与位于其成分统制域内的成分发生关联。

（87）小明只喜欢小红。
　　　a. 小明只喜欢小红，但他并不爱小红。
　　　b. 小明只喜欢小红，但不喜欢小菲。

例（87）是一个歧义句，具有例（87a）和例（87b）的语义解读。按照

Aoun 和 Li 的观点，导致歧义的原因在于副词"只"会对位于其成分统制域内的成分产生影响。在例（87）中，充当宾语的名词短语"小红"被前置到句子的左缘位置，即话题位置，从而使句子只具有例（87a）的语义解读，因为副词"只"无法与前置成分留下的语迹相关联。副词"只"与另一成分的关联限制可以通过词汇关联原则（Principle of Lexical Association）（Tancredi 1990）进行解释，即算子"只"只能与位于其成分统制域内的成分关联。

同理，副词"只"只能与位于其成分统制域内的特殊疑问词短语发生关联。在例（88）中，当特殊疑问词短语"哪个人"位于副词"只"的成分统制域内时，例（88）没有任何歧义，表达的语义为"存在一个 x（x 指一个人），x 是小明喜欢的唯一的人"。然而，当特殊疑问词短语"哪个人"在逻辑式层面移位至 [Spec, CP] 时，所生成的例（89）不再具有与例（88）相同的语义解读，前者只能表达"存在一个 x（x 指一个人），小明只喜欢 x，但不爱 x"。例（88）和例（89）具有不同的语义解读，原因在于副词"只"不能与成分移位留下的语迹相关联，而只能与位于其成分统制域内的成分发生关联。

（88）小明只喜欢哪个人？

Which person is the only one that Xiaoming likes?

（89）哪个人 $_i$ 小明只喜欢 t_i？

Which person does Xiaoming only like?

因此，Aoun 和 Li 认为，特殊疑问词短语在显性句法不发生任何移位，在逻辑式层面也倾向于滞留原位。Aoun 和 Li 还指出，汉语存在疑问算子或零位算子的移位，疑问算子或零位算子与位于原位的特殊疑问词短语同标。此外，算子的移位完全能够解释 Huang（1982）观察到的特殊疑问词短语涉及的宽域和窄域的问题。

Cheng（1991）将特殊疑问句的生成归结于特殊疑问词短语的特征和疑问小品词。如果存在疑问小品词，无论其是显性还是隐性，特殊疑问词短语都不发生显性移位。疑问小品词与特殊疑问词短语的移位之间的关联可以通过句子类型标记假设（Clausal Typing Hypothesis）来进行解释，即每个句子都需要进行类型标记。具体而言，特殊疑问句可以通过疑问小品词或通过特殊疑问词短语的前置进行句子类型标记。

Cheng（1991）还指出，汉语中的特殊疑问词短语可以被解读为疑问词、存在量化词及全称量化词。例如，在例（90）中，无论是否存在疑问小品词"呢"，特殊疑问词短语都具有疑问的语义解读。

（90）小明吃了什么（呢）？
What did Xiaoming eat?

在例（90）中，特殊疑问词短语"什么"只具有疑问意义，而不具有存在或全称的意义。

此外，如果特殊疑问词短语位于否定词辖域内，或者位于是非疑问句或条件句内，那么特殊疑问词短语也可以强制性或选择性地被解读为存在量化词，如例（91）所示。

（91）a. 小明买了什么吗？
Did Xiaoming buy anything?
b. 小明有没有买什么？
Did Xiaoming buy anything?
c. 小明没有买什么。
Xiaoming didn't buy anything. / What didn't Xiaoming buy?

例（91a）和例（91b）都是是非疑问句，因此特殊疑问词短语"什么"被强制性解读为存在量化词。例（91c）是一个否定句，特殊疑问词短语可以被解读为存在量化词或者特殊疑问词。

最后，Cheng 提出，当句子中存在副词"都"时，特殊疑问词短语可以被解读为全称量化词，如例（92）所示。

（92）a. 小明什么都喜欢。
As for Xiaoming, he likes everything.
b. 谁都看过这本杂志。
Everyone has read this magazine.

按照 Cheng 的观点，句子类型标记与疑问小品词和特殊疑问词短语的特征密切相关。

以上的分析探讨了汉语特殊疑问词短语的特征。具体而言，特殊疑问词短语在显性句法不发生任何移位，其可以在逻辑式层面发生移位或者在逻辑式层面仍不发生任何移位。特殊疑问词短语被看作受算子约束的变量。因此，大部分分析都赞同特殊疑问词短语具有变量特征的观点，并试图为与特殊疑问词短语的解读相关的约束条件提供合理的解释。

然而，正如 Tang（1988）和 Wu（1999）所指出的，不作主语的特殊疑问词短语可以被前置到句首位置。Tang 和 Wu 认为，例（93）中的特殊疑问词短语"什么"发生显性句法移位，从谓语动词补足语位置来到句首位置，该移位被认为是话题移位。

（93）什么$_i$ 张三买了 t_i？

What has Zhangsan bought?

（Wu 1999:82）

尽管大部分以汉语为母语者认为例（93）不可接受，但 Wu 认为，如果给例（93）提供一个合适的语境，那么例（93）的可接受度将会得到提高。例如，我们可以假设存在如下的语境：张三的妻子让张三去购物，并给了他一个购物清单。如果我们想询问张三买了购物清单上的哪些物品，例（93）则是一个合适的问题，并能够很容易被以汉语为母语的人所接受。如果简单的特殊疑问词短语"什么"在没有任何语境的情况下出现，那么例（93）则不太容易被接受。如果特殊疑问词短语询问说话人和听话人共有的知识，例（93）将变得容易接受。

然而，与 Tang（1988）和 Wu（1999）观点不同的是，Cheung（2008）认为，出现在例（94）句首位置的特殊疑问词短语"什么东西"并非话题，而是一个焦点，该焦点的线性序列之前有一个可以自由出现的系动词"是"。在 Kiss（1998）的观点的基础上，Cheung 区分了信息焦点（informational focus）和对比焦点（contrastive focus），并认为汉语中前置的特殊疑问词短语是一个对比焦点。

(94)（是）什么东西玛丽买了？
What thing is it that Mary bought?

此外，Pan（2015）分析了汉语特殊疑问词短语外置的现象。Tang（1988）和 Wu（1999）认为前置的特殊疑问词短语作为话题，Cheung（2008）认为前置的特殊疑问词短语是焦点，但 Pan（2015）认为出现在句首的特殊疑问词短语可以分为四种类型：外置的特殊疑问词话题、外置的特殊疑问词焦点、原位生成的特殊疑问词话题及原位生成的特殊疑问词焦点，如例（95）所示。

(95) a. [$_{DP}$ 哪部电影]$_i$，[$_{IP}$ 张三最不喜欢看 t$_i$]？
Which film, Zhangsan doesn't like to see at all?
b. 是 [$_{DP}$ 哪部电影]$_i$，[$_{IP}$ Z 张三最不喜欢看 t$_i$]？
Which film is it that Zhangsan doesn't like at all?
c. [$_{DP}$ 哪个国家]，[$_{IP}$ 你喜欢的大城市不多]？
Which country, its big cities that you like are not many?
d. 是 [$_{DP}$ 谁的表演]，[$_{IP}$ 大家昨天都叫好]？
Whose performance was it that everyone shouted "bravo" yesterday?
（Pan 2015:3）

在例（95a）中，位于句首位置的成分"哪部电影"发生了显性移位，从原位来到了句子"张三最不喜欢看"的左缘位置。Pan（2015）赞成 Tang（1988）和 Wu（1999）的观点，认为该移位是特殊疑问词短语的话题移位。同理，在例（95b）中，成分"哪部电影"同样是从屈折词短语内移出，其线性序列前有一个系动词"是"。Cheung（2008）认为，前置的特殊疑问词短语充当对比焦点，其线性序列前的系动词"是"可以选择性出现，但 Pan（2015）则认为，"是"必须出现，从而使特殊疑问词短语获得对比焦点的解读。在例（95c）中，特殊疑问词短语"哪个国家"原位生成于屈折词短语的外部位置，因为屈折词短语内并不存在任何特殊疑问词短语能够还原的位置。同理，在例（95d）中，特殊疑问词短语"谁的表演"的线性序列前存在一个系动词"是"，该特殊疑问词短语也原位生成于屈折词短语的左缘位置，因为谓语动词"叫好"是不及物动词，不能允准任何的补足语。

以上分析表明，在某些情况下，特殊疑问词短语在显性句法不发生任何移位，但可以在逻辑式发生移位。在其他情况下，特殊疑问词短语出于标记焦点或话题的目的可以发生显性移位，来到屈折词短语的左缘位置。按照笔者的分析，汉语典型截省句中的特殊疑问词短语可以通过显性移位或原位生成的方式出现在焦点短语的标志语位置。该假设可能与主流的观点相冲突，因为主流的观点认为汉语的特殊疑问词短语在显性句法不发生移位。然而，笔者认为汉语典型截省句中特殊疑问词短语前置的特性与汉语属于特殊疑问词短语不移位语言的观点不冲突，原因在于汉语典型截省句中成分的显性移位的目的是标记焦点，而这个成分正好是特殊疑问词短语。

4.5 总　结

本章节探讨了汉语截省句的句法分析。首先，笔者分析了可能出现在汉语截省句中的谓语动词的句法限制及截省句的句法功能。通过分析，我们认为只有语类选择标句词短语、语义选择特殊疑问句的谓语动词，才能够出现在汉语截省句中，而且截省句并不是关于一个孤立的特殊疑问词短语而是表达个体的状态或身份或描述一个事件，截省句与先行语小句密切相关。其次，笔者探讨了汉语截省句的句法推导，并按照特殊疑问词短语的内部复杂程度和承担的句法功能将其分为四类。还讨论了"是"和"有"的句法地位，并分析了典型截省句和假截省句的生成机制。此外，笔者阐释了句法岛与典型截省句的关联。最后，笔者分析了汉语中特殊疑问词短语前置的特性，并认为特殊疑问词短语在汉语典型截省句中在显性句法发生了移位。

5 分析拓展：汉语多重截省句

第四章探讨了汉语典型截省句的句法分析，其中所涉及的典型截省句只包含一个特殊疑问词短语。目前，我们的分析能够为只包含一个特殊疑问词短语的典型截省句提供一个合理的解释。鉴于此，笔者试图将该分析观点应用到包含两个或两个以上特殊疑问词短语的多重截省句中。本章第一部分将涉及多重截省句的理论背景。第二部分将聚焦汉语多重截省句的句法推导分析。第三部分为结论。

5.1 理论背景

截省句是一种省略结构，其中残余特殊疑问词短语线性序列后的成分在语音式层面被删略或不被拼读。此外，截省句具有跨语言特征，在不同语言中具有共性和差异。目前，对截省句分析主流的观点认为特殊疑问词短语发生移位，以及在满足与先行语小句等同的条件下某些成分在语音式层面被删略。然而，文献中的大部分研究只关注包含一个特殊疑问词短语的截省句，而很少涉及包含两个或两个以上特殊疑问词短语的多重截省句。因此，本小节将简要探讨多重截省句的理论背景，并为接下来的分析提供理论基础。

多重截省句是一种截省结构，包含两个或两个以上的残余特殊疑问词短语，如例（1）所示。

（1）a. I know that in each instance one of the girls got something from one of the boys. But *which from which*.
（Bolinger 1978）

b. I know that in each instance one of the girls got something from one of the boys. But they didn't tell me *which from which*.

（Nichigauchi 1998）

Richards（2001）认为，在英语多重截省句中，两个特殊疑问词短语通过移位和嫁接的方式占据标句词短语的标志语位置，即 [Spec, CP]。换言之，英语的标句词短语的中心语特征只能吸引一个特殊疑问词短语移位至 [Spec, CP]，第二个特殊疑问词短语也可能通过嫁接的方式出现在屈折词短语的左缘位置，即 [Spec, CP]，随后其补足语在语音式层面被删略。Richards 还指出，嫁接到第一个特殊疑问词短语上的第二个特殊疑问词短语通常是介词短语，该介词短语包含特殊疑问词短语。该句法推导可以简要地表述为例（2）。

(2) a. John borrowed something from a girl, but we have no idea what from which girl.

b. John borrowed something from a girl, but we have no idea [$_{CP}$ [*what*]$_i$ [C] [$_{PP}$ *from which girl*]$_j$ [$_{IP}$ John borrowed t$_i$ t$_j$]].

然而，Nichigauchi（1998）和 Lasnik（2014）认为，英语多重截省句是一种缺口结构（gapping construction），其中第一个特殊疑问词短语移位至标句词短语的标志语位置，即 [Spec, CP]，而第二个特殊疑问词短语以右向焦点移位的方式占据句末位置。随后，两个特殊疑问词短语移出的屈折词短语在语音式层面被删略，从而生成合格的多重截省句，该句法推导过程如例（3）所示。

(3) a. Some of the students wanted to go to some of the lectures, but I'm not sure *which to which*.

b. Some of the students wanted to go to some of the lectures, but I'm not sure [$_{CP}$ [*which*]$_i$ [C] [$_{IP}$ t$_i$ wanted to go t$_j$] [$_{PP}$ *to which*]$_j$].

语言具有普遍性，多重截省句不仅存在于英语中，也存在于日语中。Takahashi（1994）认为，日语多重截省句涉及两个特殊疑问词短语的显性移位，其中一个特殊疑问词短语嫁接到另一个特殊疑问词短语上，如例（4）所示。

（4）a. John-ga [dareka-ga nanika-o katta to] it-ta.

　　　John-Nom someone-Nom something-Acc bought that said

　　　John said someone bought something.

　　b. Mary-wa [dare-ga nani-o ka] siri-tagat-te iru.

　　　Mary-Top who-Nom what-Acc Q know-want is

　　　Mary wants to know who what.

　　　（Takahashi 1994:284-285）

Takahashi 指出，两个特殊疑问词短语，即 dare "who" 和 nani "what"，都发生显性移位，来到标句词短语的标志语位置，即 [Spec, CP]，后者嫁接到前者上。随后，屈折词短语在语音式层面被删除，从而生成合格的多重截省句。该句法生成过程可以大致描述为例（5）。

（5）[$_{CP}$ [wh_1 wh_2] C [$_{IP}$ t$_1$-t$_2$]]

在上述关于英语多重截省句和日语多重截省句分析的基础上，我们试图在下一节分析汉语多重截省句的句法推导，并论证我们的观点不仅能够应用到只包含一个特殊疑问词短语的汉语截省句，也能够应用到包含两个或两个以上特殊疑问词短语的汉语多重截省句。

5.2　汉语多重截省句的句法推导

之前的小节探讨了只包含一个特殊疑问词短语的汉语截省句的句法推导。在此基础上，我们将分析多重截省句中特殊疑问词短语的分类，并阐释典型多重截省句和假多重截省句的句法推导。

5.2.1　多重截省句中特殊疑问词短语的分类

在第四章，笔者探讨了可能出现在汉语截省句中的特殊疑问词短语的分类。具体而言，Wei（2004）按照特殊疑问词短语的谓语特性和不同形式将特殊疑问词短语分为五类，包括修饰谓语类、介词谓语类及形容词谓语类。笔者按照特殊疑问词短语的内部结构和承担的句法功能对其进行了充分分类。按照内部结构，特殊疑问词短语可以分类为简单和复杂特殊疑问词短语；按照承担的句法功能，特殊疑问词短语可以分类为充当主目语的特殊疑问词短语和充当附加语的特殊疑问词短语。以上分类在逻辑上存在四种组合方式，即简单的充当主目语的特殊疑问词短语、复杂的充当主目语的特殊疑问词短语、简单的充当附加语的特殊疑问词短语及复杂的充当附加语的特殊疑问词短语。至于充当主目语的特殊疑问词短语，简单型指的是特殊疑问词短语作为单独的短语，不选择任何名词短语作为其补足语，例如"谁"和"什么"，该类特殊疑问词短语出现在类似例（6）的截省句中。复杂型指的是语类再分或语类选择名词短语充当其补足语的特殊疑问词短语，其补足语有时可以隐性出现，条件是补足语能够在先行语小句中找到关联语。复杂的充当主目语的特殊疑问词短语包括"谁的（东西）""谁的（朋友）""什么书"和"哪个人"等，它们出现在类似例（7）的截省句。

（6）a. 小明讨厌一个人，但是我不知道是谁。

　　　Xiaoming hates a person, but I don't know who.

　　b. 小明买了一样东西，但是我们不清楚是谁。

　　　Xiaoming bought something, but we are not clear what.

（7）a. 小红借了一本书，但是我们不知道是谁的（书）。

　　　Xiaohong borrowed a book, but we didn't know whose (book).

　　b. 小红遇见一位朋友，但是大家不清楚是哪位（朋友）。

　　　Xiaohong met a friend, but we are not clear which (friend).

　　c. 小红收到一个礼物，但大家不知道是什么礼物。

　　　Xiaohong received a gift, but we don't know what (gift).

同理，至于充当附加语的特殊疑问词短语，简单型指的是被看作一个语言单位，不能在细分为更小单位的特殊疑问词短语，如"什么时候""什么地方""为什么""多贵"及"怎么样"等，简单的特殊疑问词短语出现在类似例（8）的截省句中。此外，复杂的充当附加语的特殊疑问词短语指的通常是介词短语，该介词短语选择特殊疑问词短语充当补足语，例如"跟谁""多贵""为了什么"及"用什么方法"等，复杂的充当附加语的特殊疑问词短语出现在类似例（9）的截省句中。

（8）a. 小明想辞职，但是大家都不知道是什么时候。

Xiaoming wants to resign, but no one knows when.

b. 小红去了上海，但是她妈妈不明白是为什么。

Xiaoming has gone to Shanghai, but her mom doesn't understand why.

c. 小明买了一套房子，但是我们不知道是哪里。

Xiaoming bought an apartment, but we don't know where.

d. 房价越来越贵了，但是我们不知道是多贵。

The housing prices are becoming more and more expensive, but we don't know how expensive.

（9）a. 小红去了迪士尼乐园，但是我们不知道是跟谁。

Xiaohong has gone to the Disneyland, but we don't know with whom.

b. 小明朝一个人大喊，但是我不知道是朝谁。

Xiaoming shouted loudly to a person, but I don't know to whom.

c. 小明修好了自行车，但是我们不知道是用什么方法。

Xiaoming has repaired the bicycle, but we don't know with what kind of methods.

按照分析，笔者将特殊疑问词短语分为三类：简单的充当主目语的特殊疑问词短语、复杂的充当主目语的特殊疑问词短语及充当附加语的特殊疑问词短语。两个简单的充当主目语的特殊疑问词短语，即"谁"和"什么"，出现在假多重截省句中，其句法分布和句法表征与只包含一个特殊疑问词短语的假截省句一致，如例（10）所示。

（10）某人昨天买了一样东西，但是我不知道 [（pro_1）*（是）谁] [（pro_2）*（是）什么]。

Someone bought something yesterday, but I don't know who what.

复杂的充当主目语的特殊疑问词短语选择或语类再分名词短语为补足语。如果能够在先行语小句中找到显性的关联语，那么复杂的充当主目语的特殊疑问词短语也可以隐性表达。这类特殊疑问词短语包括"哪个人""哪个朋友""谁的东西""谁的书"等。按照笔者的假设，由于复杂的充当主目语的特殊疑问词短语能够出现在只包含一个特殊疑问词短语的截省句中，那么复杂的充当主目语的特殊疑问词短语也可以出现在多重截省句中，如例（11）所示。

（11）某人买了一样东西，但是我们不知道 [哪个人][哪样东西]。
Someone bought something, but we don't know which person which thing.

需要指出的是，笔者并不打算将充当附加语的特殊疑问词短语分类为简单型和复杂型，从而分析多重截省句。换言之，笔者将不对充当附加语的特殊疑问词短语进行分类，而是将其看作一个整体。因此，正如充当附加语的特殊疑问词短语能够出现在只包含一个特殊疑问词短语的截省句中，其也可以出现在多重截省句中，如例（12）所示。

（12）小红（某个时候）（因某种原因）去了北京，但是大家不知道 [什么时候][为什么]。
Xiaohong went to Beijing (at a certain time) (for a certain reason), but no one knew when and why.

本小节回顾了特殊疑问词短语的分类，有助于分析只包含一个特殊疑问词短语的截省句。在该分类的基础上，我们将特殊疑问词短语重新分类为充当附加语的特殊疑问词短语、简单的充当主目语的特殊疑问词短语及复杂的充当主目语的特殊疑问词短语。这些特殊疑问词短语都可以出现在多重截省句中。

5.2.2 典型多重截省句与假多重截省句

在前一小节，我们将特殊疑问词短语重新分类为充当附加语的特殊疑问词短语、简单的充当主目语的特殊疑问词短语及复杂的充当主目语的特殊疑问词短语。在前一章，我们也探讨了只包含一个特殊疑问词短语的汉语典型截省句和假截省句的句法推导和句法表征。在对特殊疑问词短语进行重新分类和对只包含一个特殊疑问词短语的截省句的分析的基础上，我们可以假设汉语也存在多重截省句，其可以再分类为假多重截省句和典型多重截省句，分别如例（13a）和例（13b）、（13c）及（13d）所示。

（13）a. 某人昨天买了一样东西，但是我不知道 [(pro_1)*（是）谁]（和/与）[(pro_2)*（是）什么]。
Someone bought something yesterday, but I don't know who what.

b. 某人买了一样东西，但是我们不清楚 [哪个人][哪样东西]。
Someone bought something, but we are not clear which person which thing.

c. 小明（某个时候）（因某种原因）去了重庆，但是我们不知道 [什么时候][为什么]。
Xiaoming went to Chongqing (at a certain time) (for a certain reason), but we don't know when why.

d. 某人（在某个地方）买了一件衬衣，但是我不清楚 [哪个人][在哪里]。
Someone bought a shirt (at a certain place), but I am not clear which person where.

按照对只包含一个特殊疑问词短语的假截省句的分析，该假截省句是一个简单结构，包括一个空代词"pro"、一个系动词"是"及一个简单的充当主目语的特殊疑问词短语。至于假多重截省句，笔者认为其结构包含两个简单的充当主目语的特殊疑问词短语，即"什么"和"谁"。每一个充当主目语的特殊疑问词短语属于一个独立的句法结构，句法结构之间由一个隐性的连接词"和"或"与"进行连接。

在例（13a）中，两个空代词 pro，即 pro_1 和 pro_2，分别指代先行语小句内的关联语"某人"和"一样东西"。由于两个简单的充当主目语的特殊疑问词短语，即"谁"和"什么"，不能充当谓语，因此系动词"是"必须出现，从而帮助特殊疑问词短语实现谓语化。在例（13a）的第二部分中，笔者认为，两个简单结构分别由一个空代词 pro、一个系动词"是"和特殊疑问词短语构成，该两个结构之间由一个隐性的连接词"和"或"与"连接。在汉语中，尽管两个句子之间没有任何显性的连接词，但可以将二者看作一个完整结构，如例（14）所示。

（14）小红去了北京，（和/与）李四去了广州。
Xiaohong has gone to Beijing and Lisi has gone to Guangzhou.

因此，假多重截省句的基本结构可以表达为："pro_1 + *（是）+ 简单的特殊疑问词短语 1 +（和）+ pro_2 + *（是）+ 简单的特殊疑问词短语 2"。需要指出的是，两个由此连接词连接的两个特殊疑问词短语不能相同，否则将导致所生成的假多重截省句不合法，如例（15）所示。

（15）*某人昨天遇见某人，但我不知道 [pro_1(是)谁]（和）[pro_2(是)谁]。
Someone met someone yesterday, but I don't know who who.

例（15）不合法，原因在于 pro_1 和 pro_2 分别与其线性序列后的特殊疑问词短语相关联。如果两个特殊疑问词短语相同的话，pro_1 和 pro_2 就无法在先行语小句中找到自己的关联语。此外，包含两个相同特殊疑问词短语的序列也会违反区别性条件（Richards 2006），即如果生成了一个线性序列 <a, a>，那么生成过程是不合法的。按照广义控制规则（Huang 1984），在假多重截省句中，特殊疑问词短语前的空代词 pro 必须受到先行语小句中的无定名词的控制。如果一个序列中包含两个相同的特殊疑问词短语，空代词 pro 就无法准确找到合适的无定名词控制语。因此，区别性条件和广义控制规则都能清楚地表明，假多重截省句中不能同时出现两个或多个相同的特殊疑问词短语。

5 分析拓展：汉语多重截省句

至于典型多重截省句，我们试图将其分为三类。第一类包含两个复杂的充当主目语的特殊疑问词短语；第二类包含两个充当附加语的特殊疑问词短语；第三类包含一个复杂的充当主目语的特殊疑问词短语及一个充当附加语的特殊疑问词短语。笔者认为，在第一类典型多重截省句中，由于两个特殊疑问词短语焦点凸显，受到 [+Foc] 特征的驱动发生显性移位。[+Foc] 特征在吸引特殊疑问词短语发生移位遵循吸引最近成分条件（Attract Closet Condition）（Richards 1997）。换言之，位于高位的焦点短语的 [+Foc] 特征将会在同样位于高位的辖域探索并吸引最近的特殊疑问词短语发生移位，而位于低位的焦点短语的 [+Foc] 特征将会在同样位于低位的辖域探索，并吸引最近的特殊疑问词短语发生移位。可以以例（16）来阐释该句法操作。

（16）某人买了一样东西，但是我不知道 [哪个人][哪样东西]。
Someone bought something, but I don't know which person which thing.

在第一类典型多重截省句中，笔者将标句词短语分裂为语气词短语（ForceP）、焦点短语$_1$（FocP$_1$）和焦点短语$_2$（FocP$_2$）。首先，位于高位的焦点短语$_1$ 的 [+Foc$_1$] 特征将在辖域进行探索，并吸引最近的特殊疑问词短语，即"哪个人"，移位至 [Spec, FocP$_1$]。其次，位于低位的焦点短语$_2$ 的 [+Foc$_2$] 特征在位于低位的辖域进行探索，并吸引另一个特殊疑问词短语"哪样东西"发生移位。最后，焦点短语$_2$ 的补足语，即屈折词短语，在语音式层面内删略，从而生成例（16）的多重截省句。例（16）的生成过程可以简要地表述为例（17）。

（17）某人买了某样东西，但是我不知道 [$_{ForceP}$ [$_{FocP1}$ [哪个人]$_i$] [$_{FocP2}$ [哪样东西]$_j$] [$_{IP}$ t$_i$ 买了 t$_j$]]
Someone bought something, but I don't know which person which thing.

第二类典型多重截省句包含两个充当附加语的特殊疑问词短语，如例（18）所示。

（18）小明（某个时候）（因某种原因）去了广州，但是我们不知道 [什么时候]（和）[为什么]。

Xiaoming went to Guangzhou（at a certain time）（for a certain reason）, but we don't know when why.

在包含两个充当附加语的特殊疑问词短语的典型多重截省句中，我们也将标句词短语分裂为语气词短语（ForceP）、焦点短语$_1$（FocP$_1$）和焦点短语$_2$（FocP$_2$）。两个充当附加语的特殊疑问词短语分别原位生成于 [Spec, FocP$_1$] 和 [Spec, FocP$_2$]，其线性序列后分别选择屈折词短语作为补足语，两个焦点短语及其充当补足语的屈折词短语之间由一个隐性的连接词"和"进行连接。在语音式层面，每个焦点短语的补足语都被语音删略。例（18）的生成过程可以简要地表述为例（19）。

（19）小明（某个时候）（因某种原因）去了广州，但是我不知道 [$_{ConjP}$ [$_{ForceP}$ [$_{FocP1}$ [什么时候] [$_{IP}$ ~~小明去了广州~~]]]（和）[$_{ForceP}$ [$_{FocP2}$ [为什么] [$_{IP}$ ~~小明去了广州~~]]]]。

Zhangsan went to Guangzhou（at a certain time）（for a certain reason）, but I don't know when why.

第三类典型多重截省句包含一个复杂的充当主目语的特殊疑问词短语和一个充当附加语的特殊疑问词短语，如例（20）所示。

（20）某人（在某个地方）买了一件衬衣，但是我不清楚 [哪个人][在哪里]。

Someone bought a shirt（at a certain place）, but I am not clear which person where.

在第三类典型多重截省句中，笔者将标句词短语分裂为语气词短语（ForceP）、焦点短语$_1$（FocP$_1$）和焦点短语$_2$（FocP$_2$）。[+Foc$_1$] 特征吸引充当主目语的特殊疑问词短语移位至 [Spec, FocP$_1$]，充当附加语的特殊疑问词短语

原位生成于 [Spec, FocP$_2$]。随后，FocP$_2$ 的补足语，即屈折词短语在语音式层面被删略，从而生成例（20）的典型多重截省句，其生成过程可以表述为例（21）。

（21）某人（在某个地方）买了一件衬衣，但是我不知道 [$_{ForceP}$ [$_{FocP1}$ [哪个人]$_i$][$_{FocP2}$ [在哪里]][$_{IP}$ t$_i$ 买了一件衬衣]]。
Someone bought a shirt (at a certain place), but I don't know which person where.

5.3 总　结

本章简要描述了英语和日语多重截省句的理论背景。在此基础上，我们将对只包含一个特殊疑问词短语的截省句分析应用到汉语多重截省句中。笔者认为，汉语多重截省句可以分为假多重截省句和典型多重截省句，前者是一个简单的固定结构，不涉及任何成分的移位，后者中的特殊疑问词短语发生焦点移位或原位生成，同时后者还涉及语音式层面的删略操作。

6 结 论

本书进行了汉语截省句的句法研究及相关研究，包括能够出现在截省句中的谓语动词的句法限制、"是"和"有"的句法属性、典型截省句和假截省句的句法推导、汉语截省句与句法岛的关联及汉语特殊疑问词短语前置的属性。此外，本书还对只包含一个特殊疑问词短语的截省句的分析应用到了包含两个或多个多重截省句的分析中。笔者提出，无论汉语截省句包含一个还是多个特殊疑问词短语，我们的分析都能为其提供一个统一、合理的解释。

6.1 研究的主要发现

本书围绕与汉语截省句密切相关的三个研究问题进行了详细探讨和分析。

第一个研究问题聚焦能够出现在汉语截省句中的谓语动词的句法特征及汉语截省句的句法功能。研究表明，只有语类选择标句词短语，并且语义选择特殊疑问句的谓语动词，才能够出现在汉语截省句中。截省句并非一个孤立的特殊疑问词短语，而是表达个体的状态或者身份，或者描述一个事件，截省句与先行语小句密切相关。因此，汉语截省句的外部结构是一个标句词短语，而不是一个孤立的特殊疑问词短语。

第二个研究问题围绕汉语典型截省句和假截省句的句法推导展开。首先，笔者按照特殊疑问词短语的句法功能和内部结构复杂程度将特殊疑问词短语进行了重新分类。具体而言，特殊疑问词短语可以分为简单的充当主目语的特殊疑问词短语、复杂的充当主目语的特殊疑问词短语及复杂的充当附加语的特殊疑问词短语。其次，我们分析了汉语"是"和"有"的句法属性。Huang（1988）认为，"是"既具有及物动词用法也具有不及物动词用法。笔者认为，"是"在假截省句中充当二元谓词，而在典型截省句中充当焦点标记。

6 结 论

在典型截省句中,"是"原位生成于焦点短语的中心语位置,并受到截省—焦点假设的限制,即"是"可以发生焦点至标句词的中心语移位,"是"也可以滞留原位。在后者情况下,"是"将和其补足语在语音式层面一起被删除。至于"有"的用法,笔者认为,"有"不仅能够表达所属意义和存在意义之外,还可以出现在特殊的假截省句中,其功能与英语中的助动词"do"相同。最后,我们分析了典型截省句和假截省句的句法推导。笔者认为,两种简单的充当主目语的特殊疑问词短语,即"谁"和"什么",出现在假截省句中。"是"在假截省句中必须出现,目的是帮助不能充当谓语的特殊疑问词短语实现谓语化。与先行语小句中的关联语的特征密切相关的简单的充当附加语的特殊疑问词短语也出现在假截省句中。复杂的充当主目语的特殊疑问词短语和其他的充当附加语的特殊疑问词短语出现在典型截省句中。充当主目语的特殊疑问词短语发生显性移位,来到 [Spec, FocP],而充当附加语的特殊疑问词短语则原位生成于 [Spec, FocP]。"是"原位生成于焦点短语的中心语位置,可以发生从焦点至标句词的中心语移位,或者滞留于焦点短语的中心语位置。在语音式层面,按照截省—焦点假设、额外删除假设和 IP- 省略的焦点条件,屈折词短语与位于焦点短语中心语的成分被语音删除,从而生成合格的典型截省句。

第三个研究问题涉及汉语截省句与句法岛的关联。研究表明,复杂的充当主目语的特殊疑问词短语不受关系从句岛的影响,特殊疑问词短语线性序列后的屈折词短语与其先行语小句满足局部等同条件。然而,充当附加语的特殊疑问词短语则受到关系从句岛的限制。具体而言,当截省句的第一部分不包含任何句法岛时,充当附加语的特殊疑问词短语既可以与主句相关联,也可以与嵌入分句相关联。然而,当截省句的第一部分包含句法岛,但不包含显性关联语时,充当附加语的特殊疑问词短语只能与主句相关联,而当关联语显性出现时,充当附加语的特殊疑问词短语则可以与关系从句相关联,并具有嵌入分句的语义解读。充当主目语的特殊疑问词短语与充当附加语的特殊疑问词短语在受句法岛影响方面具有不同的表现。笔者认为,导致该不同表现的原因在于关系从句岛对复杂的充当主目语的特殊疑问词短语不产生任何影响,因为复杂的充当主目语的特殊疑问词短语所处的屈折词短语满足了与其先行语小句的局部等同条件,因此特殊疑问词短语的移位是循序渐进地进行的,没有跨越任何的句法岛,该移位是完全合法的。然而,充当附加语的特殊疑问词短语却受到关系从句的限制。当关系从句内的关联语是隐性出现时，阻碍效应会阻止充当附加语的特殊疑问词短语与嵌入分句关联；当关系从句内的关联语显性出现时，阻碍效应将不再产生任何影响，充当附加语的特殊疑问词短语则可以与关系从句相关联，从而具有嵌入分句的语义解读。

6.2 研究的价值

本书探讨了汉语截省句的句法分析及相关话题。在某种程度上，本研究具有实践和理论价值。

在实践方面，本研究围绕汉语截省句的话题探讨了可能出现在截省句中的谓语动词的句法特征、截省句的句法功能及"是"和"有"的句法属性；还按照特殊疑问词短语的句法功能和内部结构的复杂度将特殊疑问词短语进行了重新分类。在此基础上，我们分析了典型截省句和假截省句的句法推导、句法岛与截省句的关联及多重截省句的分析。通过研究，我们可以对汉语截省句的句法表征、句法分布，以及汉语截省句与其他成分的关联。例如，特殊疑问词短语，"是"和"有"，有更深刻的理解。

在理论方面，本研究不仅分析了汉语截省句的句法研究，还将本研究的观点应用到汉语多重截省句的分析中。因此，本研究为两种密切相关的句法现象提供了一个统一、合理的解释。此外，本研究假设汉语截省句中的特殊疑问词短语发生了显性移位，并出现在屈折词短语的左缘位置，该观点能够为汉语特殊疑问词短语的属性提供新的理解，即尽管汉语特殊疑问词短语通常不发生任何移位，但它们也有可能在焦点或话题的驱动下发生显性移位。

6.3 局限及今后的研究问题

诚然，即使本研究为汉语截省句提供了合理的解释，但本研究仍存在不足，尤其是特殊疑问词短语发生焦点移位的合法性。具体而言，由于汉语是疑问词非移位语言，特殊疑问词短语通常在显性句法不发生任何移位。因此，提出汉语截省句中特殊疑问词短语发生显性移位有悖于主流的观点，容易遭到众多学者的反驳。此外，在句法岛方面，当特殊疑问词短语跨越句法岛时，会导致所生成的句子不合法。然而，当焦点短语的补足语，即屈折词短语包含句法岛时，如果包含句法岛的屈折词短语在语音式层面被删略，那么所生成的句法结构则变为合法了。因此，还需要提供更多的语料支撑来证明所谓的岛修复效应的合法性。至于汉语多重截省句的分析，我们也需要提供更多的语言事实和理论证据来证明，对只包含一个特殊疑问词短语的截省句的分析可以应用到包含两个或多个特殊疑问词短语的多重截省句的分析。此外，关于汉语截省句的研究还应该对句法岛效应进行更全面、深入的探讨，从而更清楚地呈现截省句与句法岛的关联。

我们相信，只要在今后的研究中对汉语截省句进行更深刻、全面的研究，并提供更多的语言事实支撑，上述问题一定能够得到更好的解决。因此，在今后的研究中，我们还需要进行更深入的研究，从而更好地优化我们的假设，并将其应用到更多的相关句法结构中。

参考文献

[1] 傅玉:《"小句左缘理论"框架下的英汉截省句对比研究》,《外语教学与研究》2014 年第 1 期。

[2] 韩景泉、王成东:《英语附带省略结构的句法研究》,《外国语文》2016 年第 4 期。

[3] 王成东、韩景泉:《制图理论下英语"why+not+NP"结构的句法推导》,《外语与外语教学》2018 年第 3 期。

[4] 王成东、韩景泉:《英语分离疑问句生成机制的句法研究》,《现代外语》2018 年第 2 期。

[5] 吕叔湘:《现代汉语八百词》,商务印书馆 1999 年版。

[6] Adams, P. (2004). "The Structure of Sluicing in Mandarin Chinese." *University of Pennsylvania Working Papers in Linguistics*, 10 (1), 1-16.

[7] Adams, P. and T. Satoshi (2012). "Sluicing in Mandarin Chinese: An instance of Pseudosluicing." In J. Merchant and A. Simpson (eds.), *Sluicing: Cross-Linguistic Perspectives* (pp.219-247). Oxford: Oxford University Press.

[8] An, D. (2016). "Extra Deletion in Fragment Answers and Its Implications." *Journal of East Asian Linguistics*, 25, 313-350.

[9] Aoun, J. and Y. Li (1993). "Wh-elements in Situ: Syntax or LF?" *Linguistic Inquiry*, 24, 199-238.

[10] Arregi, K. (2010). "Ellipsis in Split Questions." *Natural Language and Linguistic Theory*, 28, 539-592.

[11] Barros, M. (2014). "Sluicing and Identity in Ellipsis." Ph.D. dissertation, The State University of New Jersey.

[12] Berman, S. (1991). "On the Semantics and Logic Form of the Wh-clause."

Ph.D. dissertation, University of Massachusetts, Amherst.

[13] Bolinger, D. (1978). "Asking More Than One Thing at a Time." In H. Henry (ed.), *Questions* (pp.107-150). Dordrecht: Reidel.

[14] Botteri, D. (2015). "Ellipsis in Italian Split Questions." *Research in Generative Grammar*, 37, 35-54.

[15] Camacho, J. (2002). "Wh-doubling: Implications for the Syntax of Wh-movement." *Linguistic Inquiry*, 33 (1), 157-164.

[16] Chafe, W. (1976). "Givenness, Contrastiveness, Definiteness, Subjects, Topics and Points of View." In C. Li (ed.), *Subject and Topic* (pp.27-55). New York: Academic Press.

[17] Chao, W. (1987). "On Ellipsis." Ph.D. dissertation, University of Massachusetts, Amherst.

[18] Cheng, L. (1991). "On the Typology of Wh-questions." Ph.D. dissertation, MIT, Cambridge, Massachusetts.

[19] Cheung, C. (2008). "Wh-fronting in Chinese." Ph.D. dissertation, University of Southern California.

[20] Cheung, C. (2014). "Wh-fronting and the Left Periphery in Mandarin." *Journal of East Asian Linguistics*, 23 (4), 393-431.

[21] Chiu, L. (2007). "A focus-movement Account on Chinese Multiple Sluicing." *Nanzan Linguistics and Philosophy* (Special Issue 1), 23-31.

[22] Chomsky, N. (1981). *Lectures on Government and Binding*. Dordrecht: Foris.

[23] Chomsky, N. (1986). *Knowledge of Language: Its Nature, Origin and Use*. New York: Praeger.

[24] Chomsky, N. (1989). "Some Notes on Economy of Derivation and Representation." *MIT Working Papers in Linguistics*, 10, 43-74.

[25] Chomsky, N. (1993). *Language and Thought*. Wakefield, RI; London: Moyer Bell.

[26] Chomsky, N. (1995). *The Minimalist Program*. Cambridge, Massachusetts: MIT Press.

[27] Chung, S., W. Ladusaw and J. McCloskey. (1995). "Sluicing and Logical Form." *Natural Language Semantics*, 3, 239–282.

[28] Cinque, G. (1999). *Adverbs and Functional Heads: A Cross-Linguistic Perspective*. Oxford: Oxford University Press.

[29] Cinque, G. and L. Rizzi. (2008). "The Cartography of Syntactic Structures." In V. Moscati (ed.), *CISCL Working Papers on Language and Cognition* (Vol. 2, pp.43-59). Italy: CISCL Università di Siena.

[30] Culicover, P. and R. Jackendoff. (2005). *Simpler Syntax*. Oxford: Blackwell.

[31] Erteschik-Shir, N. (1977). *On the Nature of Island Constraints*. Indiana: Indiana University Linguistics Club.

[32] Fortin, C. (2007). "Indonesian Sluicing and Verb Phrase Ellipsis: Description and Explanation in a Minimalist Framework." Ph.D. dissertation, University of Michigan.

[33] Ginzburg, J. and I. Sag. (2000). *Interrogative Investigations: The Form, Meaning and Use of English Interrogatives*. Stanford, California: Center for the Study of Language and Information.

[34] Grebenyova, L. (2009). "Sluicing and Multiple Wh-fronting." In N. C. D. Khuong and R. S. Sinha (eds.), *Proceedings of GLOW in Asia 5* (pp.219-242). New Delhi: Central Institute of Indian Languages.

[35] Gribanova, V. (2013). "Copular Clauses, Clefts, and Putative Sluicing in Uzbek." *Language,* 89, 830-882.

[36] Ha, S. (2010). "Split Questions in Korean: PF-deletion vs. LF-copying." *Studies in Generative Grammar*, 20 (4), 671-690.

[37] Hankamer, J. and I. Sag. (1976). "Deep and Surface Anaphora." *Linguistic Inquiry*, 7 (3), 391-428.

[38] Hartman, J. (2005). "Sluicing in Finnish." MA thesis, Harvard University.

[39] Hoh, P. and W. Chiang. (1990). "A Focus Account of Moved Wh-phrases at S-structure in Chinese." *Lingua*, 81, 47-73.

[40] Hoyt, F. and A. Teodorescu. (2012). "How Many Types of Sluicing, and Why: Single and Multiple Sluicing in Romanian, English, and Japanese." In

J. Merchant and A. Simpson (eds.) , *Sluicing: Crosslinguistic Perspectives* (pp.83-103) . Oxford: Oxford University Press.

[41] Huang, C. (1982) . *Logical Relations in Chinese and the Theory of Grammar*. Ph.D. dissertation, MIT, Cambridge, Massachusetts.

[42] Huang, C. (1984) . "On the Distribution and Reference of Empty Pronouns." *Linguistic Inquiry*, 15 (4) , 531-574.

[43] Huang, C. (1989). "Pro-drop in Chinese." In O. Jaeggli and K. J. Safir (eds.), *The Null Subject Parameter* (pp.185-214) . Dordrecht: Kluwer Academic Publishers.

[44] Huddleston, R. and G. K. Pullum. (2005) . *A Student's Introduction to English Grammar*. Cambridge: Cambridge University Press.

[45] Ince, A. (2012). "Sluicing in Turkish." In J. Merchant and A. Simpson (eds.), *Sluicing: Crosslinguistic Perspectives* (pp.248-269) . Oxford: Oxford University Press.

[46] Jayaseelan, K. (1990) . "Incomplete VP Deletion and Gapping." *Linguistic Analysis*, 20, 64-81.

[47] Kawabara, K. (1996) . "Multiple Wh-phrases in Elliptical Clauses and Some Aspects of Clefts With Mutiple Foci." *MIT Working Papers in Linguistics*, 29, 97-116.

[48] Kim, J. (1997) . "Syntactic Focus Movement and Ellipsis: A Minimalist Approach." Ph.D. dissertation, University of Connecticut.

[49] Kiss, K. (1998) . "Identificational Focus Versus Information Focus." *Language*, 74, 245-273.

[50] Kizu, M. (1998) . "Sluicing in Wh-in-situ Languages." *Proceedings of the Thirty-Third Regional Meeting of the Chicago Linguistic Society*, Papers from the Main Session, 231-244.

[51] Koster, J. (1978) . "Why Subject Sentences Don't Exist." In S. J. Keyser (ed.) , *Recent Transformational Studies in European Languages* (pp.53-64) . Cambridge, Massachusetts: MIT Press.

[52] Lambrecht, K. (1994) . *Information Structure and Sentence Form: Topic,*

Focus, and the Mental Representation of Discourse Referents. Cambridge: Cambridge University Press.

[53] Lappin, S.（1996）. "The Interpretation of Ellipsis." In S. Lappin（ed.）, *The Handbook of Contermporary Semantic Theory*（pp. 145-175）. Oxford: Blackwell Publishers.

[54] Lasnik, H.（1999）. "On Feature Strength: Three Minimalist Approaches to Overt Movement." *Linguistic Inquiry*, 30（2）, 197-217.

[55] Lasnik, H.（2001）. "When Can You Save a Structure by Destroying it?" In K. Minjoo and U. Strauss（eds.）, *Proceedings of the North East Linguistic Society*（Vol. 31, pp. 301-320）. Amherst, Massachusetts: GLSA.

[56] Lasnik, H.（2014）. "Multiple Sluicing in English?" *Syntax*, 17（1）, 1-20.

[57] Lee, J.（2011）. "Rethinking Split Questions in Korean." *Studies in Generative Grammar*, 21（3）, 409-437.

[58] Li, C. and S. Thompson.（1981）. *Mandarin Chinese: A Functional Reference Grammar*. Berkeley: University of California Press.

[59] Li, Y.（1992）. "Indefinite WH in Mandarin Chinese." *Journal of East Asian Linguistics*, 1, 125-156.

[60] Li, Y.（2005）. "Ellipsis and Missing Objects." *Linguistic Sciences*, 4（2）, 3-19.

[61] Li, Y. and T. Wei（2014）. "Ellipsis." In C. T. J. Huang, Y. H. A. Li and A. Simpson（eds.）, *The Handbook of Chinese Linguistics*. Malden, Massachusetts: Wiley-Blackwell Publishers.

[62] Liu, L.（2006）. "Sluicing in Mandarin Chinese." Ph.D. dissertation, Beijing Language and Culture University.

[63] Lobeck, A.（1993）. "Strong Agreement and Identification: Evidence From Ellipsis in English." *Linguistics*, 31, 777-811.

[64] Lobeck, A.（1995）. *Ellipsis*. Oxford: Oxford University Press.

[65] López-Cortina, J.（2003）. "The Structure of Split Interrogatives." In P. Kempchinsky and C. E. Piñeros（eds.）, *Theory, Practice and Acquisition*（pp.140-155）. Somerville, Massachusetts: Cascadilla Press.

[66] López-Cortina, J. (2009). "Split Questions, Extended Projections, and Dialect Variation." In J. Collentine, M. García, B. Lafford and F. M. Marín (eds.), *Selected Proceedings of the 11th Hispanic Linguistics Symposium* (pp.219-230). Somerville, Massachusetts: Cascadilla Proceedings Project.

[67] Merchant, J. (1998). "Pseudosluicing: Elliptical Clefts in Japanese and English." In A. Alexiadou, N. Fuhrhop, P. Law and U. Kleinhenz (eds.), *ZAS working papers in linguistics* (Vol.10, pp.88-112). Berlin: Zentrum fuer Allgemeine Sprachwissenschaft.

[68] Merchant, J. (1999). "The Syntax of Silence: Sluicing, Islands, and Identity in Ellipsis." Ph.D. dissertation, University of California, Santa Cruz.

[69] Merchant, J. (2001). *The Syntax of Silence: Sluicing, Islands, and the Theory of Ellipsis*. Oxford: Oxford University Press.

[70] Merchant, J. (2002). "Swiping in Germanic." In J. W. Zwart and W. Abraham (eds.), *Studies in Comparative Germanic Syntax* (pp.295-321). Amsterdam: John Benjamins.

[71] Merchant, J. (2004). "Fragments and Ellipsis." *Linguistics and Philosophy*, 27, 661-738.

[72] Merchant, J. (2006). "Sluicing." In M. Everaert and H. van Riemsdijk (eds.), *The Syntax Companion* (pp.269-289). Oxford: Blackwell.

[73] Merchant, J. (2008). "Variable Island Repair Under Ellipsis." In K. Johnson (ed.), *Topics in Ellipsis* (pp. 132-153). Cambridge: Cambridge University Press.

[74] Merchant, J. (2010). "Three Kinds of Ellipsis." In F. Recanati, I. Stojanovic and N. Villanueva (eds.), *Context-dependence, Perspective, and Relativity* (pp.141-192). Berlin: Walter de Gruyter.

[75] Merchant, J. (2013). "Voice and Ellipsis." *Linguistic Inquiry*, 44, 77-108.

[76] Merchant, J. (2015). "How Much Context is Enough? Two cases of span-conditioned stem allomorphy." *Linguistic Inquiry*, 46, 273-304.

[77] Merchant, J. (2016). "Ellipsis: A Survey of Analytical Approaches." In J. van Craenenbroeck and T. Temmerman (eds.), *A Handbook of Ellipsis*.

Oxford: Oxford University Press.

[78] Murphy, A. (2014). "The Syntax of Shi: a Focus Movement Account of Sluicing in Mandarin Chinese." MA thesis, Humboldt-Universität zu Berlin.

[79] Nichigauchi, T. (1998). "'Multiple Sluicing' in Japanese and the Functional Nature of Wh-phrases." *Journal of East Asian Linguistics*, 7 (2), 121-152.

[80] Nishiyama, K. (1995). "Sluicing Without Wh-movement." Cornell Working Papers in Linguistics, 13, 85-96.

[81] Nishiyama, K., J. Whitman and E. Yi. (1996). "Syntactic Movement of Overt Wh-phrases in Japanese and Korean." *Japanese / Korean Linguistics*, 5, 337-351.

[82] Nykiel, J. (2013). "Clefts and Preposition Omission Under Sluicing." *Lingua*, 123, 74-117.

[83] Pan, J. (2015). "Wh-ex-situ in Mandarin Chinese: Mapping Between Information Structure and Split CP." *Linguistic Analysis*, 39 (3-4), 371-414.

[84] Paul, I. and E. Potsdam. (2012). "Sluicing Without Wh-movement in Malagasy." In J. Merchant and A. Simpson (eds.), *Sluicing: Crosslinguistic Perspectives* (pp.164-182). Oxford: Oxford University Press.

[85] Paul, W. (2015). "New Perspectives on Chinese Syntax." In W. Bisang and N. N. Zhang (eds.), *Trends in Linguistics, Studies and Monographs*. Berlin: De Gruyter Mouton.

[86] Pesetsky, D. (1987). "Wh-in-situ: Movement and Unselective Binding." In E. J. Reuland and A. Meulen (eds.), *The Representation of (in) definiteness* (pp.98-129). MIT Press: Cambridge, Massachusetts.

[87] Potsdam, E. (2007). "Malagasy Sluicing and Its Consequences for the Identity Requirement on Ellipsis." *Natural Language and Linguistic Theory*, 27, 577-613.

[88] Quirk, R., S. Greenbaum, G. Leech and J. Svartvik. (1985). *A Comprehensive Grammar of the English Language*. London: Longman.

[89] Radford, A. (2009). *Analyzing English Sentences: A Minimalist Approach*.

Cambridge: Cambridge University Press.

[90] Radford, A. and E. Iwasaki. (2015). "On swiping in English." *Natural Language and Linguistic Theory*, 33, 703-744.

[91] Richards, N. (1997). "What Moves Where When in Which Language." Ph.D. dissertation, MIT, Cambridge, Massachusetts.

[92] Richards, N. (2001). *Movement in Language: Architecture and Interactions*. Oxford: Oxford University Press.

[93] Richards, N. (2006). "A Distinctness Condition on Linearization." MA thesis, MIT, Cambridge, Massachusetts.

[94] Rizzi, L. (1990). *Relativized Minimality*. Cambridge, Massachusetts: MIT Press.

[95] Rizzi, L. (1997). "The Fine Structure of the Left Periphery." In L. Haegeman (ed.), *Elements of Grammar: Handbook in Generative Syntax* (pp.282-337). Dordrecht: Kluwer Academic.

[96] Rizzi, L. (2001). "On the Position Int (errogative) in the Left Periphery of the Clause." In G. Cinque and G. Salvi (eds.), *Current Studies in Italian Syntax* (pp.287-296). Amsterdam: Elsevier.

[97] Rizzi, L. (2013a). "Notes on Cartography and Further Explanation." *Probus*, 25 (1), 197-226.

[98] Rizzi, L. (2013b). "Topic, Focus, and the Cartography of the Left Periphery." In S. Luraghi and C. Parodi (eds.), *The Bloomsbury Companion to Syntax* (pp.436-451). London and New York: Bloomsbury.

[99] Rizzi, L. and G. Cinque. (2016). "Functional categories and syntactic theory." *Annual Review of Linguisitcs* (2), 139-163.

[100] Rodrigues, C., A. Nevins, and L. Vicente. (2009). "Cleaving the Interactions Between Sluicing and Preposition Stranding." In L. Wetzels and J. van der Weijer (eds.), *Romance languages and linguistic theory* (pp.175-198): John Benjamins Publishing Company, Amsterdam, the Netherlands.

[101] Ross, J. (1969). "Guess Who?" In R. Binnick, A. David, G. Green and

J. Morgan (eds.) , *Papers from the 5th regional meeting of the Chicago Linguistic Society* (pp.252-286) . Illinois: Chicago Linguistic Society.

[102] Sag, I. (1976) . "Deletion and Logical Form." Ph.D. dissertation, MIT, Cambridge, Massachusetts.

[103] Schwarzschild, R. (1999) . "GIVENness, AVOIDF, and Other Constraints on the Placement of Accent." *Natural Language Semantics*, 7 (2) , 141-177.

[104] Shimoyama, J. (1995) . "On 'Sluicing' in Japanese." MA thesis, University of Massachusetts, Amherst.

[105] Shyu, S. (1995) . "The Syntax of Topic and Focus in Mandarin Chinese." Ph.D. dissertation, University of Southern California.

[106] Sohn, K. (2000) . "A Non-sluicing, Non-clefting Approach to Copula Construction." *Studies in Generative Grammar*, 10, 267-295.

[107] Sohn, K. (2011) . "Deriving Tags in Split Questions: Deletion and Pro." *The Journal of Studies in Language*, 26 (4) , 857-877.

[108] Song, W. and Masaya Yoshida. (2017) . "Ellipsis of Pro-Form: Reconstruction Effects of Sluicing In Mandarin Chinese." In Aaron Kaplan (ed) , *Proceedings of the 34th West Coast Conference on Formal Linguistics* (pp.481-489) . Somerville, MA: Cascadilla Proceedings Project.

[109] Stjepanović, S. (2008) . "P-stranding Under Sluicing in a Non-P-stranding Language?" *Linguistic Inquiry*, 39, 179-190.

[110] Stjepanović, S. (2012) . "Two Cases of Violation Repair Under Sluicing." In J. Merchant and A. Simpson (eds.) , *Sluicing: Crosslinguistic Perspectives* (pp.68-82) . Oxford: Oxford University Press.

[111] Szczgielniak, A. (2008). "Islands and Sluicing in Polish." In N. Abner and J. Bishop (eds.) , *Proceedings of the 27th West Coast Conference in Formal Linguistics* (pp.404-412) . Somerville, MA: Cascadilla Press.

[112] Takahashi, D. (1994) . "Sluicing in Japanese." *Journal of East Asian Linguistics*, 3, 263-300.

[113] Tancredi, C. (1990) . "Not Only Even, but Even Only." MA thesis, MIT,

Cambridge, Massachusetts.

[114] Tang, C. (1988). "Wh-topicalization in Chinese." MA thesis, Cornell University, Ithaca.

[115] Tsai, W. (1994). "On Economizing the Theory of A-bar Dependency." Ph.D. dissertation, MIT, Cambridge, Massachusetts.

[116] Van Craenenbroeck, J. (2010). "Invisible Last Resort: a Note on Clefts as the Underlying Source for Sluicing." *Lingua*, 120 (7), 1714-1726.

[117] Van Craenenbroeck, J. (2012). "Ellipsis, Identity, and Accommodation." MA thesis, Katholieke Universiteit Brussel and Hogeschool-Universiteit Brussel.

[118] Van Craenenbroeck, J. and A. Lipták (2006). "The crosslinguistic syntax of sluicing: Evidence from Hungarian relatives." Syntax, 9, 248-274.

[119] Van Craenenbroeck, J. and A. Lipták. (2013). "What Sluicing Can Do, what It Can't, and in Which Language: on the Crosslinguistic Syntax of Sluicing." In L. Cheng and N. Corver (eds.), *Diagnosing syntax*. Oxford: Oxford University Press.

[120] Van Riemsdijk, H. (1978). *A Case Study in Syntactic Markedness: The Binding Nature of Prepositional Phrases*. Dordrecht: The Peter De Ridder Press.

[121] Vicente, L. (2008). "Syntactic Isomorphism and Non-isomorphism Under Ellipsis." MA thesis, University of California, Santa Cruz.

[122] Wang, C. and H. Wu. (2006). "Sluicing and Focus Movement in Wh-in-situ Languages." In A. Eilam, T. Schefer and J. Tauberer (eds.), Proceedings of the 29th Annual Penn Linguistics Colloquium.

[123] Wei, T. (2011). "Island Repair Effects of the Left Branch Condition in Mandarin Chinese." *Journal of East Asian Linguistics*, 20, 255-289.

[124] Wei, T. (2017). "You Sluice and Hai Modification in Chinese." *Studies in Chinese Linguistics*, 38 (1), 1-17.

[125] Williams, E. S. (1977). "Discourse and Logical Form." *Linguistic Inquiry*, 8(1), 101-139.

[126] Wu, J.（1999）. "Syntax and Semantics of Quantification in Chinese." Ph.D. dissertation, University of Maryland, College Park.

[127] Xu, L.（1990）. "Remarks on LF Movement in Chinese Questions." *Linguistics*, 28（2）, 355-382.

[128] Xu, L. and D. T. Langendoen.（1985）. "Topic Structures in Chinese." *Language*, 61（1）, 1-27.

[129] Zhang, N.（2000）. "Object Shift in Mandarin Chinese." *Journal of Chinese Linguistics*, 28（2）, 201-246.